C.H.BECK  WISSEN

in der Beck'schen Reihe

W0230788

Das einst von Griechen gegründete Byzantion wurde von Kaiser Konstantin I. 324 n. Chr. zum neuen Zentrum im Osten des Reiches erkoren und nach seinem Namen Konstantinopel («Die Stadt Konstantins») genannt. Die ursprüngliche Fläche der Stadt ließ Konstantin auf das Fünffache vergrößern, nach dem Vorbild Roms in vierzehn Regionen einteilen und unter anderem mit einem Kapitol, einem Hippodrom, einem Forum und einer Hauptverkehrsachse in ost-westlicher Richtung ausstatten. Binnen kurzem wurde Konstantinopel zum Mittelpunkt des Reiches und behauptete diesen Rang für mehr als eintausend Jahre. So repräsentierte Konstantinopel – das nach der Eroberung durch die Türken im Jahr 1453 Hauptstadt des Osmanischen Reiches wurde – nicht nur die griechisch-römische Welt, sondern auch das christliche Mittelalter. Jede Epoche hat ihre baugeschichtlichen Spuren in dieser einzigartigen Metropole hinterlassen. Peter Schreiner erhellt in dem vorliegenden Band die wichtigsten Stadien der Entwicklung Konstantinopels und erläutert sie vor dem jeweiligen Hintergrund der Politik-, Kultur-, Religions- und Wirtschaftsgeschichte.

Peter Schreiner ist Professor emeritus für Byzantinistik an der Universität zu Köln. Darüber hinaus ist er Vorsitzender des wissenschaftlichen Beirats des Deutschen Studienzentrums in Venedig sowie korrespondierendes Mitglied der Österreichischen Akademie der Wissenschaften und der Akademie der Wissenschaften in Göttingen. Er ist Ehrendoktor der Universitäten Tarnovo, Belgrad und Sofia.

Peter Schreiner

KONSTANTINOPEL

Geschichte und Archäologie

Verlag C. H. Beck

Dem Andenken an
Wolfgang Müller-Wiener gewidmet

Mit einer Karte und einem Diagramm
auf dem vorderen und hinteren Vorsatz sowie
mit 8 Plänen und Karten im Text

Originalausgabe
© Verlag C. H. Beck oHG, München 2007
Gesamtherstellung: Druckerei C. H. Beck, Nördlingen
Umschlagmotiv: «Panorama von Konstantinopel»
nach einer Vorlage von Cristoforo Buondelmonti, Chantilly,
Musée Condé, lat. 483, a. 1550 © akg-images, Berlin
Umschlagentwurf: Uwe Göbel, München
Printed in Germany
ISBN 978 3 406 50864 6

www.beck.de

Inhalt

Vorwort

Als der Verlag mich bat, in der Reihe «Wissen» ein Buch zu Geschichte und Archäologie Konstantinopels zu verfassen, parallel zu den Darstellungen über das antike Rom, Athen und Pompeji, zögerte ich aus mehreren Gründen. Konstantinopel hat zwar antike, insbesondere spätantike Wurzeln, doch verrät die Stadt nur in manchen äußeren Merkmalen und wenigen administrativen Strukturen die Spuren ihrer antiken Provenienz. Konstantinopel ist ganz eine Stadt des Mittelalters. Noch mehr aber hatte ich vor dem Begriff «Archäologie» Bedenken, da eine mittelalterliche Archäologie Konstantinopels, also die Behandlung der Baukörper in ihrem topographischen Umfeld und somit ihre historische Zweckbestimmung, von der Forschungslage her kaum möglich ist.

Ich unternahm daher den Versuch, eine *kulturhistorische* Stadtgeschichte zu schreiben und die Bauten – die wenigen vorhandenen und die vielen aus den Quellen eruierbaren – in den historischen Kontext einzubinden. Dieser Band ist kein Stadtführer, der dem Benutzer einen konkreten Weg durch die bauliche Vergangenheit des heutigen Konstantinopel/Istanbul weist, der ihn jedoch begleiten soll, um die noch sichtbaren, aber auch die verschwundenen und allenfalls topographisch lokalisierbaren Zeugnisse des byzantinischen Konstantinopel in das Stadtbild einordnen zu können.

Der Verlag C. H. Beck, im besonderen der betreuende Lektor, Herr Dr. Stefan von der Lahr und seine Mitarbeiter, unterstützten die Arbeit in einer Weise, wie sie heute leider fast überall aus dem Verlagsleben verschwunden ist. Drei Kollegen und Freunde haben sich der Mühe unterzogen, den Text vor der Drucklegung ganz durchzulesen und mit ihrem kritischen Rat beigetragen, Irrtümer und Fehler zu reduzieren: Felicitas Schmieder (Fernuniversität Hagen), Franz Alto Bauer (Universität München) und mein ehemaliger Kölner Assistent Niels Gaul (Lincoln College, Oxford).

Die Anregung, Konstantinopel als eines der Zentren meiner wissenschaftlichen Interessen auszuwählen, verdanke ich einer langjährigen Freundschaft mit Wolfgang Müller-Wiener, der mir in vielen Begegnungen die Begeisterung für das Phänomen Konstantinopel vermittelte. Als bescheidenes Zeichen des Dankes sei dieser Band seinem Andenken gewidmet.

Köln, im Oktober 2006   *Peter Schreiner*

I. Einleitung –
Prämissen und Methoden

Stadtgeschichte umfaßt die Entwicklung einer Ansiedlung, der der Charakter eines gesellschaftlichen, wirtschaftlichen, strategisch-politischen, administrativen und kulturellen Mittelpunktes zukommt. Dieser Vorgang findet seinen äußeren, sichtbaren Ausdruck in einem urbanistischen Gefüge aus öffentlichen wie privaten Bauten, repräsentativen Verwaltungs- und Wohnbauten, das einem steten Wandel unterworfen ist. Im Erscheinungsbild einer Stadt spiegelt sich nicht nur die politische Geschichte, sondern auch das soziale und kulturelle Leben ihrer Bewohner.

Konstantinopel nimmt im Rahmen der europäischen Stadtgeschichte einen außergewöhnlichen Rang ein. Die Stadt hat (trotz der Vorgängersiedlung Byzantion) mit Kaiser Konstantin einen Gründer, ein historisch eindeutig festliegendes Einweihungsdatum (330) und den Gründungsauftrag, Residenzstadt und Administrationszentrum zu sein. Damit war die neugegründete Stadt untrennbar mit der Geschichte des römischen Reiches (und seines Nachfolgestaates) verbunden. Gründe, die uns im folgenden Kapitel beschäftigen werden, führten dazu, daß die Kaiser sie bald zur dauernden Residenzstadt wählten, daß sie zunächst zur Hauptstadt des östlichen Reichsteils und nach einigen Jahrhunderten zur Hauptstadt eines neuen Reiches wurde, das die Forschung mit der Bezeichnung «byzantinisch» vom (ost-)römischen unterscheiden sollte.

Diese Ausgangsposition bringt eine Reihe von Besonderheiten mit sich, deren Folgen später näher behandelt werden. Als Erbe des römischen Reiches behielt das byzantinische dessen administrativen Einheitscharakter im Grundprinzip stets bei. Konstantinopel hat immer (wie Rom) seine Stellung als Mittelpunkt bewahren oder (nach der Eroberung durch die Kreuzfahrer 1204) rasch wiedergewinnen können. Es blieb seit seiner

Gründung im 4. Jahrhundert bis zur Eroberung durch die Türken 1453 immer Kaiserstadt. Keine andere europäische Stadt konnte ihr darin in dieser Dauerhaftigkeit gleichkommen. Nie haben sich (vom «Intermezzo» nach dem 4. Kreuzzug im 13. Jahrhundert abgesehen) andere Landesteile selbständig gemacht, so daß es zur Entstehung von «Konkurrenzstädten» gekommen wäre. Die von der Hauptstadt abhängigen Verwaltungseinheiten des Reiches, die verschieden in Form und Namensgebung die Provinzen des römischen Reiches (im 7. und 8. Jahrhundert) abgelöst hatten, besaßen städtische Mittelpunkte durchaus in jenem Sinn, wie er oben für die Stadtgeschichte festgelegt wurde. Die oft vertretene Meinung, das byzantinische Reich habe keine Städte besessen, ist nicht haltbar. Viele von ihnen waren allerdings den häufigen Angriffen von Fremdvölkern ausgesetzt und wurden zeitweise oder auf Dauer dem feindlichen Staat inkorporiert. Vor allem aber besitzen wir kaum schriftliche Quellen zu ihrer Geschichte, während die archäologische Erforschung der byzantinischen Provinzstädte (sofern sie wegen deren späteren Überbauungen überhaupt möglich ist und zu gehaltvollen Aussagen führen könnte) noch ganz in den Anfängen steht.

Konstantinopel nimmt also in jeder Hinsicht eine Ausnahmestellung ein. Es spiegelt in seiner Entwicklung immer auch die Geschichte des Reiches wider. Politische Höhepunkte entsprechen (fast immer) einem Aufschwung in der städtischen Entwicklung, und der unaufhaltbare Niedergang im 14. und 15. Jahrhundert zeigt sich im Verfall der Bauten und dem Schwund der Bevölkerung.

Stadtgeschichte sollte auf schriftlichen und materiellen (archäologischen) Quellen in einigermaßen ausgeglichenem Umfang basieren. Dies ist in Konstantinopel nicht der Fall. Die schriftlichen Quellen machen mindestens vier Fünftel aus, und ohne sie ist die Geschichte der Stadt nicht darzustellen, während viele antike Städte (etwa Ostia, Pompeji, Gerasa) allein von den Ausgrabungen her die Vielfalt städtischen Lebens erkennen lassen. Was wäre unser Eindruck von Konstantinopel allein auf Grund der sichtbaren Denkmäler? Der erhaltene Mauerring er-

laubte Rückschlüsse auf die einstige Ausdehnung und ließe auf
eine Großstadt mit hoher militärischer Bedeutung schließen.
Die zahlreichen offenen und geschlossenen Zisternen, ein über
die Strecke von einem Kilometer noch sichtbarer Aquädukt
und noch erhaltene (oder archäologisch leicht nachweisbare)
Häfen sicherten offenbar die materiellen Lebensgrundlagen der
Stadtbewohner. Ihr Leben muß von geradezu übermäßiger
Frömmigkeit geprägt gewesen sein, denn überall da, wo sich
Baureste aus der Vergangenheit zeigen, sind es Kirchen- oder
Klosterbauten. Ein Hippodrom erinnert an einen charakteristi-
schen Wesenszug städtischen Lebens, der aus einer früheren
Zeit (als solche Bauten zum gewöhnlichen Stadtbild gehörten)
überdauert hatte. Vereinzelt stehen noch hohe Säulen, die sich
wohl einst auf Plätzen erhoben. Wo diese Stadt regiert und verwaltet wurde, bliebe – stützte man sich allein auf archäologische Quellen – allerdings unbekannt. Nur ein Palastbau, ganz
im Norden, weit weg von den Zentren des Lebens und gewissermaßen an die Stadtmauer gelehnt, ist noch sichtbar (der sogenannte Tekfur Sarayı). Die wenigen Palastfundamente und Mosaiken, die Archäologen unterhalb einer Moschee (jener des
Sultan-Ahmet) fanden, können doch nicht der Palast des über
Jahrhunderte bedeutendsten Herrschers der christlichen Welt
gewesen sein! Konstantinopel – ein Luftschloß?

Dieses Szenario ist übertrieben: Eine moderne topographisch-
archäologische Stadtuntersuchung kann den Wehrbauten 35 Seiten, den Kirchen 132 Seiten, den Palästen 22 Seiten und den
Orten des städtischen Lebens 30 Seiten widmen. Dabei ist anzu-
merken, daß eine Identifizierung fast aller dieser Bauten nur mit
Hilfe schriftlicher Quellen möglich ist. Wo diese fehlen, wie im
Falle der schönen Kilise Camii (nördlich unterhalb der Sultan
Sülejman-Moschee), bleibt der Bau anonym und behält seinen
türkischen Namen («Kirchen»-Moschee). Als im Jahre 1959 im
Zuge von Straßenarbeiten gewaltige Grundmauern einer Kirche
freigelegt wurden, war es nur dank eines in der Literatur er-
halten gebliebenen Epigramms (und einiger weniger an Ort und
Stelle entdeckter inschriftlicher Fragmente des in Stein ge-
meißelten Originals) möglich, den Bau als Polyeuktos-Kirche zu

identifizieren, und seitdem wissen wir auch, daß einige Säulen und Kapitelle gerade dieser Kirche im 13. oder 14. Jahrhundert nach Venedig und Barcelona transportiert worden sind, wo sie heute noch zu sehen sind.

Dieses Beispiel zeigt aber auch das zentrale Problem der archäologischen Erforschung Konstantinopels: Es ergibt sich aus den Überbauungsphasen bereits während der byzantinischen und besonders der osmanischen Zeit, die das Niveau der Stadt um drei bis fünf Meter steigen ließen. Nur dort, wo eine Kontinuität in der Benutzung gegeben war oder der Baukörper durch seine unterirdische Lage, wie etwa im Falle von Zisternen, gesichert war, blieb er auch erhalten. Das bekannteste Beispiel für diese Art von Kontinuität in Konstantinopel ist natürlich die Hagia Sophia, die schon 1453 Hauptmoschee wurde; weitere bieten die Eirenen-Kirche, die man als Arsenal einrichtete, oder der Hippodrom, der in türkischer Zeit zunächst zum Steinbruch wurde (dem Colosseum oder Circus Maximus in Rom vergleichbar), dank der Platzanlage aber schon bald zu Repräsentationsveranstaltungen der Sultane verwendet wurde.

Im Verhältnis zu der großen Zahl von Kirchen wurden (meist unter Vernichtung des Innenschmuckes) relativ wenige ebenfalls in Moscheen umgewandelt, während die oft damit verbundenen Klosterkomplexe (etwa bei der Chora-Kirche oder dem Studiu-Kloster) verfielen und das Material zum Hausbau verwendet wurde. Ein besseres Schicksal war den Substruktionen weltlicher und kirchlicher Bauten beschieden. Sie waren (und sind bis heute) brauchbar als Fundamente oder Mauerverstärkungen und sind daher auch der heutigen Forschung zugänglich. Solche wissenschaftlichen Untersuchungen erfolgten seit 1873 an den unteren Teilen des großen Kaiserpalastes, als die Eisenbahnstrecke längs des Marmarameeres angelegt wurde, und ebenso 1912, als ein Großbrand das Areal des ehemaligen Palastes zerstörte und archäologische Forschungen ermöglichte, denen allerdings bald durch unerlaubte Baumaßnahmen ein Ende bereitet wurde. Neue Bauvorhaben lassen immer wieder Substruktionen byzantinischer Anlagen ans Tageslicht kommen. Ihre wissenschaftliche Auswertung scheitert aber vielfach nicht nur daran, daß die Entdeckungen verheimlicht werden und so meist nicht einmal eine Notgrabung möglich ist, sondern auch, weil unsere schriftlichen Quellen die Zuweisung eines Baues im Gelände nur recht selten erlauben. Die Identifizierung eines Baukörpers durch eine erhaltene Inschrift, wie sie kürzlich am berühmten Romanos-Tor der Landmauer möglich war, das bei der Eroberung 1453 eine zentrale Rolle spielte, stellt einen seltenen Glücksfall dar.

Diese wenigen Beispiele mögen genügen, um zu zeigen, warum Flächenarchäologie auf dem Boden einer unkontrolliert wachsenden Großstadt nicht möglich ist und Archäologie hier in erster Linie Erhaltung der Denkmäler und Aufarbeitung der Architekturgeschichte bedeutet.

Erst die schriftlichen Quellen machen es möglich, in zeitlich und inhaltlich recht unterschiedlich detaillierten Umrissen, eine Vorstellung von Konstantinopel als Stadt zu gewinnen. Da die Entwicklung Konstantinopels eng mit jener des Reiches verbunden ist, ist Reichsgeschichte immer zu einem Teil Stadtgeschichte. Der historische Faktenhintergrund ist fast ausschließlich aus der Reichs- und Kaiserhistoriographie zu gewinnen: feindliche Angriffe auf die Hauptstadt, Erdbeben, Revolten, Baumaßnahmen; letztere gehörten immer auch zum Kanon der Kaiserideologie und waren deshalb stets Teil des Herrscherlobs. Historisch orientierte Stadtgeschichte ist als literarische Gattung für Konstantinopel nicht erhalten, spiegelt sich aber vereinzelt in Chroniken wider. Stadtgeschichte wird allerdings in vorwiegend legendenhaft anmutenden Erzählungen über Denkmäler überliefert – im einzelnen zu Fragen nach deren Entstehung und Bedeutung: die sogenannten *Patria Konstantinupoleos* (Heimatgeschichte Konstantinopels). Darin wird zwar eine Fülle von Denkmälern und Bauten erwähnt, doch zeichnen sich die damit verbundenen inhaltlichen und historischen Erklärungen überwiegend durch wenig glaubwürdige oder gar gänzlich phantastische Züge aus und haben die Forschung vielfach in die Irre geführt; gleichwohl kann man nicht darauf verzichten, sie in methodisch und inhaltlich überprüfter Form in eine Darstellung miteinzubeziehen. Eine einzigartige historische Quelle, freilich nur bis zur Mitte des 6. Jahrhunderts, stellt Prokops Werk *Über die Bauten* dar. Viele Einzelheiten zu Bauten und Bauschmuck finden sich ferner in poetischen Werken byzantinischer Literaten, besonders aus der literarischen Gattung des Epigramms (Inschriften auf Bauten und Gegenständen) sowie in Werken der Gattung der Gegenstands- und Bildbeschreibung (Ekphrasis), die in hoch-rhetorischer Form einen Eindruck des geschilderten Innen- oder Außenraumes zu geben versuchten. Von zentraler Bedeutung für unsere Kenntnisse der Bauten des Hofareals, aber auch der Zeremonienwege zu Kirchen in der Stadt ist das sogenannte *Zeremonienbuch* des Kaisers Konstantinos Porphyrogennetos (913–957), das im handschriftlichen Original keine Titelüber-schrift trägt. Reiseberichte auswärtiger Besucher, darunter auch solche aus frühosmanischer Zeit, ergänzen unsere Kenntnisse über Bauten und den allgemeinen Eindruck der Stadt.

Alle Texte geben uns, wenn überhaupt, nur eine unvollkom-mene Vorstellung über die Lage der Bauten innerhalb der Stadt oder liefern Bezugspunkte (Bezeichnung von Stadtquartieren), die man überhaupt nicht oder nur sehr ungefähr im Stadtareal festlegen kann. Daher kommt in Konstantinopel neben der archäologischen auch der topographischen Forschung – d. h. der Verortung einzelner Bauten, Wege und Viertel sowie der Klärung urbanistischer Zusammenhänge – besondere Bedeu-tung zu. Wenn Wege im erwähnten Zeremonienbuch genannt werden, so sind doch die Strecken als solche wenig beschrieben, denn diese waren für die Zeitgenossen an Hand der Fixpunkte nachzuvollziehen, während Reisende von Denkmal zu Denkmal geführt wurden, darüber hinaus aber die Stadt selbst wenig ken-nenlernten oder jedenfalls nicht darüber berichteten. Im moder-nen Stadtbild scheint (im Gegensatz zu vielen mittelalterlichen Kernen westeuropäischer Städte) das byzantinische Straßenbild kaum noch durch: eine Ausnahme etwa bildet die von der Hagia Sophia nach Norden führende Zentralstraße, die Mese (Karte auf dem vorderen Vorsatz). Grundkataster sind aus byzantinischer Zeit nicht erhalten, und die wenigen noch vor-handenen Besitzurkunden (meist in Verbindung mit Kirchenstif-tungen) helfen nicht weiter, da sie kleinflächiges und im übrigen

unbekanntes Gelände beschreiben. Kataster aus der frühen
osmanischen Zeit (2. Hälfte des 15. Jahrhunderts) ruhen unzugänglich in Archiven, während die Erforschung anderer osmanischer Quellen auch aus sprachlichen Gründen noch kaum
begonnen hat. Stadtpläne im modernen Sinn hat es für Konstantinopel ebensowenig gegeben wie für westliche Städte. Noch
weniger vermitteln Miniaturen in Handschriften (sofern man
überhaupt hinter einem gemalten «Baukomplex» Konstantinopel vermuten darf) ein reales Bild. Die frühesten Stadtansichten
gehen auf westliche Reisende zurück – eine kurz vor 1420 ent-
standene auf den Florentiner Cristoforo Buondelmonti, eine aus
der zweiten Hälfte des 15. Jahrhunderts auf Andrea Vavassore,
der vielleicht nach Vorlagen von Gentile Bellini zeichnete, welcher 1479 in Konstantinopel war; die wohl exakteste Ansicht
stammt von dem Niederländer Melchior Lorichs (1557/61).
Daneben gibt es auch (noch teilweise) unbekanntes osmanisches
Bildmaterial, dessen topographische und bauhistorische Auswertung aber erst am Anfang steht.

Die früheste Stadtforschung im systematischen Sinn geht auf
Pierre Gilles (Gyllius) zurück, der auf der Basis eigener Reiseaufzeichnungen im Jahre 1561 in Lyon das Werk *De topogra-
phia Constantinopoleos et de illius antiquitatibus libri quattuor*
publizierte. Ihm folgte 100 Jahre später der eigentliche Begrün-
der der byzantinischen Studien, Charles Dufresne sieur Du Can-
ge, der (obwohl nie in Konstantinopel gewesen) im Jahre 1680
mit seiner Arbeit *Constantinopolis christiana seu descriptio urbis sub imperatoribus christianis libri quattuor* an die Öffentlichkeit trat und die Stadtbeschreibung mit der byzantinischen
Geschichte verband. Selbständigen wissenschaftlichen Charakter erhielt sie erst im letzten Jahrhundert durch den Deutschen
Alfons Maria Schneider und den Franzosen Raymond Janin.
Bauforschungen, teilweise mit Grabungen verbunden, setzten
erst am Ende des 19. Jahrhunderts ein – angeregt durch die
Funde beim Bau der Eisenbahnstrecke und etwas später auf dem
Areal des Kaiserpalastes, nachdem 1912 ein Brand die Gelegenheit zu Geländeuntersuchungen gegeben hatte. Die ersten Bau-
untersuchungen in der Hagia Sophia konnten schon Mitte des

19. Jahrhunderts in Zusammenhang mit Konservierungsmaß-
nahmen der Sultane durchgeführt werden (Gaspare Fossati),
doch erst die Umwandlung der Moschee in ein «Museum» 1935
hat die durchgehende Restaurierung nach wissenschaftlichen
Kriterien (durch ein amerikanisches Team) ermöglicht. Ähnlich
begann auch bei der Kariye Camii (Chora-Kirche) die Restaurierung bereits im 19. Jahrhundert (unter russischer Leitung),
aber erst nach dem 2. Weltkrieg, als die Moschee ihren kulti-
schen Status verlor, konnte, soweit noch möglich, der ursprüngliche Zustand wiederhergestellt werden. Auch andere in Moscheen umgewandelte Kirchen hat man auf diese Weise restauriert (z. B. die Kirche des Lips-Klosters, die Kalenderhane Camii), doch wurden nach Abschluß der Restaurierung diese Bauten wieder ihrem religiösen Zweck zugeführt. Die Ergebnisse
dieser archäologischen Forschungen sind teilweise in Publikationen zugänglich gemacht worden, ruhen aber oft auch noch in
unzugänglichen Grabungsberichten. Unter den Profanbauten
hat nur die Landmauer eine gründliche wissenschaftliche Untersuchung erfahren, die durch die wissenschaftlich nicht unum-
strittenen Ergebnisse der derzeitigen Renovierungsmaßnahmen
ergänzt werden kann.

Die Literatur zur archäologisch-topographischen Stadtgeschichte ist bis zum Jahre 1977 von Wolfgang Müller-Wiener in
seinem *Bildlexikon zur Topographie Istanbuls* zusammengefaßt
worden. Eine unentbehrliche Geschichte der profanen und kirchlichen Bauten Konstantinopels, unter möglichst weitreichender
Heranziehung der schriftlichen byzantinischen Quellen, verfaßte der über Jahrzehnte in Istanbul lebende Angehörige des
Assumptionistenordens Raymond Janin (1964 und 1969), teilweise gestützt auf zusammenfassende Vorarbeiten des französi-
schen Byzantinisten Rudolphe Guilland. Eine Stadtgeschichte
zu schreiben, lag nicht im Sinne der genannten Gelehrten. Auch
die jüngst (1996) erschienene Monographie von Doğan Kuban
ist trotz ihres Titels *Istanbul. An Urban History. Byzantion,
Constantinopolis, Istanbul* keine – zumindest keine für den hier
behandelten Zeitabschnitt, da sie sich fast ganz auf die städte-
bauliche Entwicklung in chronologischer Ordnung beschränkt.

II. Konstantinopel als Reichszentrum – die räumliche Entwicklung im politischen Kontext

1. Der lange Weg zur mittelalterlichen Stadt: Byzantion

«Das Meer formt eine Girlande um die Stadt». Mit diesen Worten charakterisierte der Historiker Prokop im 6. Jahrhundert n. Chr. treffend die Lage der Stadt, die zwischen dem Marmarameer und dem elf Kilometer langen Goldenen Horn, das schon die antik-griechischen Quellen so bezeichnen *(Keras, Chrysokeras)*, in Form eines Dreieckes (wie zeitgenössische Autoren immer wieder feststellen) angelegt war. Hügel, deren Höhe selten 50 m überschreitet, und Senken – wie der Flußlauf des Lykos sogar ein richtiggehendes Tal – bestimmen das Stadtbild. Die Vorstellung von genau sieben Hügeln, die erst seit dem 10. Jahrhundert in byzantinischen Quellen auftaucht und gut in den Rahmen der Imitation des alten Roms zu passen scheint, gehört topographisch gesehen in das Reich der Phantasie, auch wenn kaum eine moderne Darstellung verzichtet, als unumstößliche Tatsache ausdrücklich darauf hinzuweisen. Das Gelände fiel zu den Seeseiten hin rasch und teilweise recht steil ab und zwang besonders hier, aber auch vielfach an anderen Stellen, zu einer Hang- und Terrassenbauweise.

Das Klima, das die Lebensformen der Bewohner prägte, war auch in der Antike und im Mittelalter gemäßigt kontinental, bestimmt von der Landmasse Kleinasiens und des Balkans einerseits und dem Schwarzen Meer andererseits. Wenn die heutigen Mittelwerte im Januar zwischen 2,7° und 8° Celsius erreichen, und im Juli der untere Mittelwert 18° ist, so dürfen wir mit ähnlichen Zahlen auch für Antike und Mittelalter rechnen, obgleich die Forschung zunehmend Klimaschwankungen nachweisen kann. Wenn man bedenkt, daß die Stadt fast wie Neapel am 41. Breitengrad liegt, im Winter aber regelmäßig Schnee fällt und heute – aber auch im Mittelalter (wo die Quellen darüber berichten) – Eisschollen aus dem Schwarzen Meer herangeführt werden, die im 10. Jahrhundert sogar die Seemauern beschädigten, so wird der Unterschied zur mediterranen Welt noch deutlicher. Gemeinsam mit vielen Ländern des Mittelmeerraumes ist Konstantinopel – gelegen an der geologischen Berührungszone zwischen anatolischer Platte und italisch-balkanischer Platte – die hohe Erdbebenhäufigkeit, die die Bau- und Siedlungsgeschichte in Mittelalter und Neuzeit bestimmt. So wurde Konstantinopel zwischen dem 4. Jahrhundert und dem 15. Jahrhundert von rund 50 in Quellen erwähnten Erdbeben heimgesucht, doch lag ihre tatsächliche Zahl weitaus höher.

2. Besiedlung und städtische Anlagen vor Konstantin dem Großen

Der Großraum der späteren Stadt weist schon in neolithischer Zeit am Ende des 3. und zu Beginn des 2. Jahrtausends Besiedlungsspuren auf. Auf asiatischer Seite, im heutigen Kadiköy, gab es bereits vor 700 v. Chr. eine phönizische Handelsniederlassung, der um 660 v. Chr. an der heutigen Serailspitze eine Konkurrenzniederlassung von Händlern aus Megara – unweit vom Isthmos von Korinth gelegen – folgte, die nach dem legendären Gründer Byzas (kein griechischer, sondern ein thrakischer Name) Byzantion genannt wurde. Möglicherweise wurde eine thrakische Siedlung von Griechen (die auch an vielen anderen Stellen, vor allem aber am Schwarzen Meer Kolonien gründeten) unterwandert, und die «Erinnerung» an den fremdstämmigen Gründer spiegelt sich in der gräzisierten Namensform wider. Die Ansiedlung besaß eine befestigte Akropolis (im Bereich des heutigen Topkapi Sarayı) und eine Reihe von Tempeln, die bei Xenophon, Cassios Dio und byzantinischen Historikern erwähnt werden. Von besonderer Bedeutung waren schon damals die Häfen am Goldenen Horn.

Politisch stand die Stadt zunächst unter persischer Souveränität und gelangte dann in den Einflußbereich der makedonischen Könige. Seit 146 v. Chr. unterstand auch Byzantion, wie die Städte Griechenlands, Rom. Es blieb vom Grundriß her immer eine hellenistisch geprägte Stadt, wenngleich die Hügellage das von Hippodamos von Milet entwickelte rechteckige Straßensystem nicht erlaubte. Die große Mittelstraße (in byzantinischer Zeit Mese genannt) auf dem Höhenrücken hat sicher bereits in frühester Zeit bestanden; über sie führten die Wegeverbindungen in den Westen und den thrakischen Norden. Da Konstantinopel diese alte Achse im Stadtgrundriß beizubehalten scheint und verschiedene öffentliche Bauten (etwa Teile der späteren Hippodromanlage) wenn auch mit Veränderungen weiterverwendet werden, sind Rückschlüsse auf das Wegenetz des alten Byzantion möglich. Im Westen schloß eine Mauer die Stadt ab, und zwar dort, wo etwa in der Höhe des späteren Konstantinsforums die Mittelstraße durch ein Tor die Stadt verließ. Die Fläche dieser römischen Stadt betrug nicht mehr als etwa 0,7 qkm. Im Verlauf der Thronstreitigkeiten zwischen Piscennius Niger (193–194 n. Chr.) und Septimius Severus (193–211 n. Chr.) wurde die Stadt von letzterem seit 193 belagert und mußte sich 195 ergeben. Die Mauern wurden geschleift, zahlreiche Bauten niedergerissen, und Byzantion wurde das Stadtrecht entzogen. Im Besitz der unbestrittenen Kaiserherrschaft erweiterte Septimius Severus später die Stadtfläche nach Süden zum Marmarameer hin auf nun insgesamt einen Quadratkilometer; Bauten wurden renoviert und auch neu errichtet, doch werden wir über diese Sachverhalte oft durch recht widersprüchliche schriftliche Quellen informiert. Vielleicht war die Rolle des Septimius Severus überhaupt weit weniger bedeutend, als spätere Texte glauben machen wollen, und vermutlich gehen auch viele Maßnahmen auf Licinius (308–324 n. Chr.) zurück. Den Hippodrom und die anschließende große Thermenanlage (die im vergangenen Jahrhundert wieder ausgegrabenen Zeuxippos-Thermen) hat Septimius sicher nicht vollendet, ja vielleicht nicht einmal begonnen, und eine eigene Stadtmauer, die immer wieder bei modernen Autoren als severianische auftaucht, ist eine Legende; im besten Fall hat er die alte römische Mauer teilweise wiederhergestellt.

Die wirtschaftlich und politisch geschwächte Stadt litt im 3. Jahrhundert unter den Angriffen der Goten und zu Beginn des 4. Jahrhunderts unter den Thronstreitigkeiten zwischen Maximinus und Licinius (312) sowie zwischen Konstantin und Li-

cinius, der 324 in Chrysopolis (Skutari, Üsküdar) – Byzantion
gegenüber an der kleinasiatischen Seite gelegen – gefangen und
Konstantin ausgeliefert wurde.

Seit seiner Gründung als megarische Kolonie bestand Byzantion bis zu diesem Zeitpunkt ziemlich genau 1000 Jahre – also
etwas weniger als die 1100 Jahre seiner spätantiken und mittelalterlichen Geschichte, die auf den folgenden Seiten darzustellen
sind. Abgesehen von Teilen des Hippodroms und den Zeuxippos-Thermen sowie von den Keramik- und Münzfunden sind
keine Zeugnisse aus dieser frühen Zeit erhalten geblieben, und
wir wissen nichts über das Leben der Bewohner während jener
Epoche. Byzantion war auch in römischer Zeit eine Stadt in den
Randzonen der Ökumene. Aber spätere Autoren vergaßen nie
den alten Namen und verwendeten ihn immer wieder – besonders in der hochrhetorischen Literatur – für die Stadt ihrer eigenen Gegenwart. Somit haben sie selbst dazu beigetragen, daß
die gelehrte Forschung der Neuzeit (seit Hieronymus Wolff,
1516–1580) Stadt und Reich in gleicher Weise bezeichnet.

3. Konstantinopel:
Aufstieg und Niedergang einer Megalopolis

Die zweite Stadt des römischen Reiches. Die Gründung einer neuen
Stadt an Stelle eines vielfach zerstörten oder verfallenen Byzantion war eine Entscheidung des Kaisers Konstantin (306–337
n. Chr.). Die Wahl des Ortes für eine solche Neugründung war
zunächst wohl nicht unumstritten, und so stoßen wir immer
wieder in den Quellen auf denkbare Alternativen: neben Sar-
dica (Sofia) und Thessalonike nicht zuletzt Ilion/Troja – welch
letzterem aber (als Heimat des mythischen Urahnen aller Rö-
mer, Aeneas) eher eine ideologische als eine realpolitische Bedeutung zukam. Konstantin, der im Osten (Naissos/Niš) gebo-
ren war, hat, obwohl im fernen England (York) aufgewachsen,
seine Heimat nicht vergessen. Spätestens seit der Auseinandersetzung mit Licinius kannte er die topographischen Vorteile von
Byzantion, mit der keine andere Stadt der Region konkurrieren
konnte: Wer sie besaß, hielt den Schlüssel zur Balkanhalbinsel

(wie wir diese Region heute nennen) und zu Kleinasien in Händen. Man mag einwenden, daß diese geographische Position schon seit 1000 Jahren unverändert gegeben war, aber sie hatte jetzt eine besondere politische Relevanz erhalten: Die Wirren um die Kaiserherrschaft im 3. Jahrhundert und der Einbruch germanischer Völker ins römische Reich machten den Zeitgenossen eindringlich bewußt, daß das Weltreich allein von seinem Zentrum (Rom) aus nicht mehr zu regieren war. Die großen Städte des Ostens (Alexandreia, Antiocheia) lagen indes zu weit vom Westen entfernt und waren überwiegend nur zu Schiff erreichbar. Wenn die östlichen Regionen des Reiches (zunächst noch ganz im geographischen Sinne, der erst am Ende des 4. Jahrhunderts durch die Reichsteilung um eine politische Dimension erweitert wurde) einen eigenen Verwaltungsschwerpunkt bekommen sollten, dann konnte er nur an der Nahtstelle zwischen Europa und Asien liegen. Konstantin hat folglich nicht, wie es viele Darstellungen noch immer behaupten, eine neue Stadt in Konkurrenz zu Rom gegründet, und ebensowenig ließ er eine neue Hauptstadt – soweit dieser Ausdruck in der Spätantike überhaupt anwendbar ist – errichten. Am ehesten hat er für sich selbst eine Stadt erbaut. Konstantinopel war juristisch gesehen ein weiterer Regierungssitz – nicht anders als Trier oder Antiocheia. Auffallend waren freilich von Anfang an der ideologische Impetus,[1] die die Gründung begleitete sowie Größe und Pracht, welche die Stadtplanung kennzeichneten. Den eigenen Namen für die Neugründung zu wählen, zeigt Konstantin ganz in der Tradition hellenistischer und römischer Herrscher wie Alexander, Trajan oder Hadrian. Erst die Hofrhetorik und die Kirche haben dazu beigetragen, Konstantinopel in den Rang einer zweiten Hauptstadt zu erheben – eines «zweiten» oder gar eines «neuen» Rom. Es läßt sich nicht leugnen, daß Konstantin auch parallele Institutionen wie den Senat schuf, aber er verzichtete auf einen Magistrat nach römischer Art.

Wesentlich für die faktische Konsolidierung Konstantinopels als Reichszentrum war vielmehr die Tatsache, daß seit Theodosios I. (379–395) die Stadt auf Dauer zum Kaisersitz wurde und sie die Herrscher bis zum Beginn des 7. Jahrhunderts (Herakleios) nie für längere Zeit verließen. Am meisten trug sicher das Ende des weströmischen Kaisertums 476 dazu bei, daß jene Stadt, in welcher der fortan einzig verbliebene Kaiser allein regierte (denn staatsrechtlich war das römische Reich damit wieder eine Einheit geworden, obgleich die politische Realität anders aussah), auch zur einzigen Reichshauptstadt geworden war. Die Gültigkeit dieses Gedankens zeigt sich darin besonders deutlich, daß sich nach der Rückeroberung Roms unter Justinian (536) keine Stimme erhob, die einstige Zentrale des Imperiums wieder als Kaisersitz oder Reichshauptstadt zu betrachten. Alexandreia oder Antiocheia hatten Konstantinopel nie den Rang politisch streitig gemacht, aber der wirtschaftliche Verfall Antiocheias bereits während des 6. Jahrhunderts und der Verlust Alexandreias an das Kalifat (642) führten dazu, daß Konstantinopel nun in *allen* Lebensbereichen die erste Stelle im Staate einnehmen konnte.

Grundlinien der städteplanerischen Entwicklung bis ins 6. Jahrhundert. Nach diesem historischen Exkurs, der die äußeren politischen Gründe für Wachstum und Erhalt Konstantinopels skizzieren sollte, kehren wir wieder an die Anfänge im 4. Jahrhundert n. Chr. zurück. So legendenumrankt die Anfänge der Vorgängerstadt Byzantion sind, so eindeutig sind jene Konstantinopels. Unmittelbar nach seinem Sieg über Licinius entschloß sich Konstantin im November 324, an der Stelle der alten Stadt eine neue zu gründen und ihr seinen Namen zu geben. Bereits 325 begannen die Bauarbeiten, und am 11. Mai 330 wurde die Kaiserstadt eingeweiht. Dieser «Geburtstag» Konstantinopels – der natürlich dem mythischen Geburtstag Roms, dem 21. April 753 v. Chr. nachempfunden war – wurde über alle späteren Jahrhunderte hin als staatliches Fest gefeiert. Im Gegensatz zum «Byzantinischen Reich», mit dessen Anfängen dieses Datum (trotz vielfacher gegenteiliger Äußerungen in der modernen Literatur) nichts zu tun hat, steht der Beginn der Geschichte Konstantinopels also zweifelsfrei fest. Zu diesem Zeitpunkt war Konstantinopel noch eine Baustelle und blieb es weitgehend bis zum Tod Konstantins (337). Der Kaiser weilte jedoch in dieser Zeit nur einmal (326) in Rom und sonst überwiegend in den Residenzen der Umgebung. Ein wichtiges Merkmal der Wiederbebauung der alten Griechenstadt war die Vergrößerung des Geländes um mehr als das Sechsfache auf rund 6 qkm sowie die Errichtung einer Mauer, deren Verlauf aber letztlich (besonders an den Endpunkten am Marmarameer und am Goldenen Horn) unsicher ist und von der bis jetzt keine Reste aufgefunden werden konnten. Konstantin ließ in erster Linie Bauten zu kaiserlichen und staatlichen Repräsentationszwecken errichten. Dazu gehörten ein rechteckiger Platz, das Augustaion, an dessen östlicher Seite sich eines der beiden Senatsgebäude erhob, und ein Torbau (der Vorgänger der späteren Chalke), der den (bewachten) Zugang zum geplanten Palastareal markierte. Ob dort bereits damals die große Palastaula (Magnaura) errichtet worden war, ist keineswegs sicher. Am Nordende dieses Platzes stand ein viertoriger Bau, in dessen Mitte der goldene Meilenstein (der ideelle Ausgangspunkt aller Straßen des Reiches) stand. Ein kleiner Rest dieses einst prächtigen Gebäudes kam 1967/68 bei Grabungen wieder zutage. Hier begann die Mittelstraße (Mese) des alten Byzantion, die nach etwa 500 m in ein (fast?) kreisrundes Forum mündete, in dessen Mitte sich die heute noch teilweise erhaltene Säule erhob, die ein Standbild des Kaisers Konstantin bekrönte (Abb. 1, S. 24). Im Norden dieser Platzanlage befand sich ein weiteres Gebäude des Senats.

Im Areal südlich dieses Abschnitts der Mese muß man wohl das Gerichtsgebäude, das Praitorion, suchen. Auch ein «Kapitol» fehlte nicht, das im weiteren Verlauf der Mese nach Westen, dort wo sie sich erstmals gabelte (bei der heutigen Laleli Camii), lag (Abb. 2, S. 24). Auf langer Sicht am wichtigsten aber war die Fertigstellung des Hippodrom – der Pferderennbahn –, der schon damals seine endgültigen Abmessungen erreichte und von späteren Kaisern nur noch weiter ausgeschmückt wurde.

Als Konstantin starb (337), war erst ein geringer Teil der Stadtplanung realisiert worden. In der langen Regierungszeit seines Sohnes Konstantios II. (337–361 n. Chr.) wurde (als Längsbau) die erste Hagia Sophia errichtet, die bereits in den frühen Quellen als «große Kirche» bezeichnet wird. Im Jahre

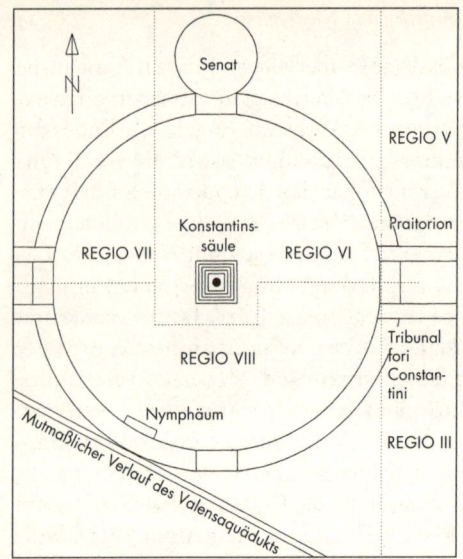

Abb. 1: Konstantins-
forum (nach Bauer)

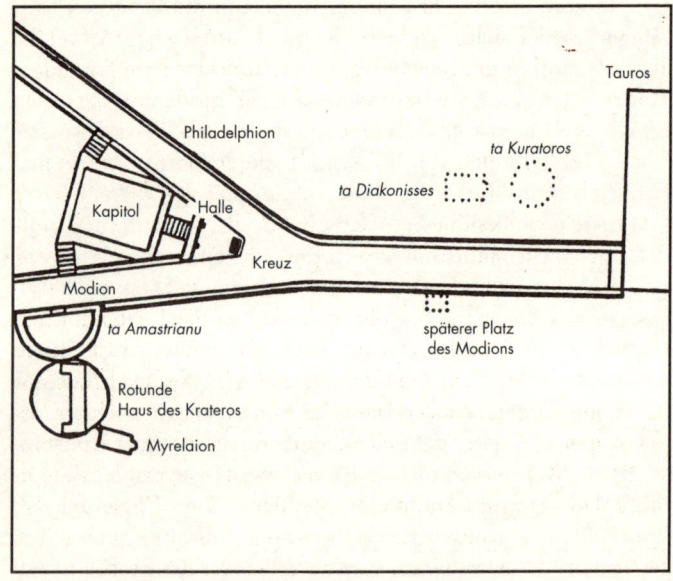

Abb. 2: Das Kapitol und seine Umgebung (nach Berger)

356 (nach der zuverlässigsten Überlieferung) wurde auch die Apostelkirche eingeweiht, deren reichsweite Bedeutung im damit verbundenen Konstantinmausoleum lag. Erst Ende des 4. Jahrhunderts/Anfang des 5. Jahrhunderts kamen weitere Plätze an den großen Straßen hinzu: das Theodosiosforum (auch Taurus-Forum genannt), das *Forum Bovis* (so genannt nach einem dort aufgestellten bronzenen Rind) und schließlich das Arkadiosforum, benannt nach dem Sohn (395–408 n. Chr.) und Nachfolger Theodosios I. (379–395 n. Chr.). Damit wurde erst unter der Ära des theodosianischen Kaiserhauses (379–450) der Raum innerhalb der Konstantinischen Mauern städtebaulich gestaltet, gleichzeitig aber auch ein letztes Mal eine Erweiterung der Stadtfläche vorgenommen, und zwar auf mehr als die doppelte bisherige Größe.

Im Jahre 412 begann nämlich der Bau einer zweiten, 5,7 km langen Mauer, mit 96 Wehrtürmen – mit Hauptmauern, Vormauern und Gräben, insgesamt das mächtigste Wehrsystem der Spätantike und des Mittelalters (vgl. Karte auf dem vorderen Vorsatz). Die Fläche der Stadt wurde so auf 14 qkm erweitert und war mithin größer als Rom innerhalb der Aurelianischen Mauer (13,7 qkm); sie erreichte, um einen modernen Vergleich heranzuziehen, fast zwei Drittel des Stadtareals des linksrheinischen Köln im Jahr 1970 (23 qkm). Diese (neu hinzugekommene) Fläche wurde in byzantinischer Zeit nie voll bebaut. Dort befanden sich Besitzungen der Hofschicht, und sie diente – noch bis ins 20. Jahrhundert – teilweise als Gartengelände für landwirtschaftliche Produkte, aber auch als (vorübergehendes) Rückzuggebiet für die Bewohner des Umlandes bei feindlichen Angriffen. Am Durchbruch der nach Westen führenden alten Römerstraße, der Via Egnatia, hatte noch Kaiser Theodosios ein (später immer wieder verändertes) Prunktor errichten lassen, wie es sich unter demselben Namen schon an der Konstantinischen Mauer befunden hatte. Es wurde wegen der vergoldeten Türflügel des Haupttores Goldenes Tor *(Chrysai Pylai, Chryseia Pyle)* genannt. Derselbe Kaiser ließ aber auch schon die Seeseite des Marmarameeres zwischen der Konstantinischen und der neuen Mauer ebenso befestigen wie die oberen Teile des

Goldenen Hornes. Allerdings wurde erst im 9. Jahrhundert auch an den Seeseiten der Mauerring um die Stadt ganz geschlossen.

Aus der Zeit zwischen 425 und 430 ist ein offizielles Dokument in der lateinischen Staatssprache erhalten geblieben, die *Notitia urbis Constantinopolitanae*, die uns von der Zahl öffentlicher und privater Bauten berichtet und mitteilt, daß die Stadt nach dem Vorbild Roms in 14 Regionen (und zahlreiche Unterbezirke) gegliedert war. Ein Plan, der ursprünglich beigegeben gewesen sein könnte, fehlt in den heute erhaltenen Handschriften, so daß vor allem die Abgrenzung der Regionen in der Forschung immer wieder diskutiert wurde. Auch die Interpretation der (lateinischen) Begriffe für Paläste und Wohnungen (Wohnhäuser?) ist umstritten. Immerhin geht dieses Dokument erstmals darauf ein, daß eine Stadt nicht nur glanzvolle Plätze, Paläste, Wehrbauten und Kirchen besaß, sondern auch Häuser für die Stadtbevölkerung.

Nach den Epochen Konstantins und Theodosios (des I. und II.) erfuhr Konstantinopel unter Kaiser Justinian (527–565 n. Chr.) seine dritte große Bauphase, die letztlich das Bild der imperialen Stadt bis 1453 bestimmte und von dem zeitgenössischen Historiker Prokop (Ende des 5. Jahrhunderts bis Anfang der 2. Hälfte des 6. Jahrhunderts n. Chr.) in seiner Schrift *Über die Bauten* festgehalten wurde. Die Darstellung beschränkt sich im wesentlichen auf das «Regierungsviertel» und war motiviert durch die Zerstörungen, die die als Nika-Aufstand bekannte Revolte des Stadtvolks (532) zur Folge hatte. Es besteht allerdings auch kein Zweifel, daß Justinian diese Verwüstungen als Anlaß zu Neuplanungen nahm, die diesen Bereich für immer mit seinem Namen verbinden sollten. Hierin fand die von der Kaiserideologie (die auch im allgemeinen von Justinian stark geprägt wurde) geforderte Bautätigkeit ihren programmatischen Ausdruck und wurde so auch für spätere Kaiser vorbildlich. An erster Stelle im Bauprogramm Justinians ist die Hagia Sophia zu nennen, die den unter Theodosios II. (408–450 n. Chr.) errichteten (zweiten) basilikalen Bau durch einen zentralen Kuppelbau ersetzte, dessen Ausmaße von anderen Kirchenbauten später nie mehr erreicht wurden. Im Zuge der Umgestaltung des Augustai-

1/ s. Nika-Aufstand wird

on errichtete sich Justinian eine etwa 30 m hohe Ehrensäule mit seinem Reiterstandbild, die bis ins 16. Jahrhundert existierte. Auch die von Bränden im Verlaufe des Nika-Aufstandes stark zerstörte Eirenenkirche ließ er erneuern. Das Wachtor zum Kaiserpalast, die Chalke, die, wie schon erwähnt, bereits auf Konstantin zurückgeht, wurde zu einem mehrtorigen Bau mit überreichem Schmuck umgestaltet. Aber auch zahlreiche Kirchen, in anderen Teilen der Stadt, die beim Aufstand keinen Schaden genommen hatten, ließ er erneuern. Eine auch bautechnische Großtat war die Anlage einer Zisterne unter der Basilika – eine wohl Ende des 4. Jahrhunderts errichtete Säulenhalle nordwestlich gegenüber dem Augustaion, die neben anderen der Wasserversorgung des Palastareals diente und bis heute erhalten ist (Yerebatan Sarayı). Auch Wohnbauten für die anwachsende Bevölkerung (s. u. S. 70) wurden im 5. und 6. Jahrhundert errichtet. Dies zeigen Baugesetze, die Hausbestände und Höhenbegrenzungen vorschreiben, aber auch Erd- und Schuttablagerungen an den Küstenlinien legen Zeugnis von dieser Bautätigkeit ab.

Grundzüge der baulichen Entwicklung des byzantinischen Konstantinopel bis 1204. Nach dem Verlust des von Justinian wieder geeinten Italien im Zuge der langobardischen Eroberung (568) blieb Konstantinopel unbestritten die einzige Hauptstadt eines Reiches, das fortan im wesentlichen auf die Osthälfte des ehemaligen Imperium Romanum beschränkt war. Die Bauten Justinians, nicht nur in Konstantinopel, sondern auch im gesamten Reichsgebiet (worüber ebenfalls Prokop in seinem Werk *Über die Bauten* berichtet), seine Kriege gegen Vandalen, Goten und Perser – nicht zuletzt seine Tributzahlungen an diesen Feind im Osten, die helfen sollten, einen Krieg zu vermeiden – führten dazu, daß er seinen Nachfolgern keinen reichen Staatsschatz hinterließ. Unmittelbar nach Justinians Tod stand das byzantinische Reich ständig in der Defensive gegen Perser, Awaren, Bulgaren und schließlich gegen die Araber, so daß Mittel für den weiteren Stadtausbau vorwiegend dort eingesetzt wurden, wo sie strategisch nötig waren, während die «Verschönerung» hintan stand. So wurden in erster Linie die Landmauern regelmäßig ausgebessert und die Türme zur Aufnahme von Garnisonen verstärkt. Die Mauer am Marmarameer (8,5 km von der Serailspitze bis zum Anschluß an die Landmauer), mit deren Errichtung schon Theodosios begonnen hatte, erfuhr Anfang des 8. Jahrhunderts einen weiteren Ausbau, der vor den arabischen Seeangriffen, die diesen Teil der Stadt bei der Belagerung 674–678 als noch recht verwundbar zeigten, schützen sollte; doch erst ein Jahrhundert später, unter den Kaisern Michael II. (820–829) und seinem Sohn Theophilos (829–842) wurde die Mauer wohl endlich geschlossen, aber in den folgenden Jahrhunderten immer wieder verstärkt und mit weiteren Wehrtürmen versehen. Da im Gegensatz zur Landmauer und auch zur Mauer am Goldenen Horn diese Mauer noch nicht zusammenfassend archäologisch untersucht ist, bleiben indes verschiedene Fragen zu Bauentwicklung und Struktur weiterhin offen. Sicher ist indes, daß am Goldenen Horn ebenfalls angesichts der Arabergefahr zu Beginn des 8. Jahrhunderts noch fehlende Mauerteile geschlossen wurden. Im Norden des Goldenen Hornes, wo 626 der Hauptangriff der Awaren vorgetragen wurde (S. 33) und diese beinahe in die Stadt eingedrungen wären, ließ Kaiser Herakleios in den folgenden Jahren die Mauern schließen und den stark hügeligen Bereich kastellartig ausbauen (Blachernenviertel).

Die Mauer, die insgesamt rund 20 km lang war, erforderte ständig Reparaturarbeiten, von denen zahlreiche erhaltene Inschriften Zeugnis ablegen. Besonders in jenen Teilen, die rasch ausgebessert oder nach und nach errichtet werden mußten, wurde zahlreiches Spolienmaterial – d.h. ältere Bauteile, die in jüngere Bauwerke eingefügt werden – aus römischer und byzantinischer Zeit verwendet.

Neben diesen Wehrbauten galt, auch in politisch schwierigen Situationen, das Interesse des Kaisers dem Ausbau der Palastanlagen, worüber in anderem Zusammenhang zu berichten sein wird. Die öffentlichen Bäder, die die Kaiser bis zur Zeit Justinians in antiker Tradition in großer Zahl errichten ließen, hatten in Konstantinopel länger Bestand als in anderen Teilen des Reiches, waren aber überwiegend schon im 9. Jahrhundert (vielfach sogar noch früher) nicht mehr funktionstüchtig – insbeson-

dere weil der Wasserzufluß nicht mehr gesichert war. Zwar
sprechen die Quellen auch in späteren Jahrhunderten noch von
der Errichtung von oft recht luxuriösen kleineren Bädern, doch
waren diese ganz für den Hof und die höfischen Kreise bestimmt. Die ständige kriegerische Bedrohung aus dem nörd-
lichen Hinterland, das für die Wasserzufuhr wichtig war, führte
zu langjährigen Unterbrechungen der Wasserversorgung – so
war etwa der Valensaquädukt (dessen innerstädtische Reste
noch heute das Bild Istanbuls beherrschen) von 626 bis 758
außer Betrieb. Darunter litten auch die großen Zisternen, an deren Stelle in jenen unsicheren Zeiten kleinere unter Gebäuden
und Kirchen – man kann insgesamt 71 nachweisen – traten, die
überwiegend von Regenwasser gespeist wurden.

Der politische Wiederaufschwung des Reiches seit der Mitte
des 9. Jahrhunderts und die Erfolge gegen die Araber, die auch
einen wirtschaftlichen und finanziellen Aufschwung mit sich
brachten, belebten neuerlich die kaiserliche Baupolitik, die nun
vor allem dem Kirchenbau galt. Allein Kaiser Basileios I. (867–
886) ließ 25 Kirchen restaurieren und 8 neu errichten. Mit dem
Ende des Bilderstreits, der von 726–843 währte und um die
übermäßige Verehrung von Heiligenbildern entbrannt war, und
der dadurch wiedergegebenen Möglichkeit, große theologische
Bildprogramme ausführen zu können, entwickelte sich auch
eine von den Kaisern unterstützte religiöse höfische Kunst, die
vor allem die Ausstattung mit Mosaiken betraf. Erwähnt sei
hier etwa die Ausschmückung der Apostelkirche (unter Kaiser
Basileios), der wegen des benachbarten Mausoleums als Grablege der Kaiser eine besondere Bedeutung zukam. Seit dem
11. Jahrhundert wurden von den Kaisern auch Kirchen zu dem
Zweck gestiftet, sich dort begraben zu lassen. Kaiser Romanos III. Argyros (1028–1034) erbaute eine Marienkirche auf
einer Anhöhe im Westen über dem Marmarameer. Ihr griechischer Name *peribleptos* bedeutet, daß sie von allen Seiten her
gesehen (bewundert) werden konnte. Das bekannteste Beispiel
einer Grabeskirche für die eigene Familie ist das Dreierensemble
der Christos-Pantokrator-Kirche des Kaisers Johannes II. Komnenos aus dem Jahre 1136, dessen gewaltige Ausmaße noch

heute von weitem auf der Anhöhe des sog. 4. Hügels sichtbar sind, während die Marmorverkleidung und der kostbare Intarsienfußboden nur teilweise erhalten sind. Weniger an das Leben nach dem Tode dachte Kaiser Konstantin IX. Monomachos (1042–1055), als er die Georgskirche in der Nähe der Serailspitze errichten ließ. Er konnte auf diese Weise, wie der Hofchronist Michael Psellos süffisant erwähnt, unter dem Vorwand der Baubeaufsichtigung, seine in einem nahegelegenen Palais wohnende Geliebte Maria Skleraina häufiger unbemerkt besuchen.

Die folgenreichste Veränderung der Stadtplanung seit Justinian, wenngleich in geringerem räumlichen Ausmaß, vollzog sich vor 1094, zu Beginn der Herrschaft der Komnenenkaiser (1081–1185), als Alexios I. im Nordwesten der Stadt, im Blachernenviertel, einen großen Empfangssaal errichten ließ, dem unter seinem Enkel Manuel I. ein weiterer folgte. Die Kaiser verlegten dorthin auch zunehmend ihren Wohnsitz und «pendelten» aus zeremoniellen Gründen zunächst zwischen den beiden Amtssitzen, deren Entfernung in der Luftlinie rund fünf Kilometer maß. In spätbyzantinischer Zeit war dort der einzige kaiserliche Wohn- und Repräsentationspalast, in dem sich dann überwiegend die eingeschränkte Verwaltung des verkleinerten Reiches befand. Im sogenannten Tekfur Sarayı hat sich ein letzter Rest kaiserlichen Glanzes bis heute erhalten. Die Gründe für die Verlegung lassen sich nur erahnen. Wie schon erwähnt, ließ Herakleios Festungsanlagen in diesem Bereich anlegen, der ihn besonders nach den Fortifikationen der Komnenenkaiser (s. u. S. 35) zu einer der militärisch sichersten Regionen der Stadt machte. Mit der schon im 5. Jahrhundert gegründeten Marienkirche «in den Blachernen» besaß die Region eine wegen ihrer Reliquien viel gerühmte Kirche. Auch die einflußreiche Mutter Alexios I. (Anna Dalassena) hatte eine Vorliebe für diese «ruhige Ecke» der Stadt. In der Tat ließ die sich in der Komnenenzeit immer mehr aufblähende Verwaltungsstruktur des Reiches die Räume des traditionellen Kaiserpalastes wohl zunehmend zu einer Großbehörde werden – ganz abgesehen davon, daß die bauliche Erhaltung des riesigen alten Geländes erhebliche Probleme bereitete. Die Verlagerung leistete freilich auch seinem

Verfall, vor allem seit dem 13. Jahrhundert, in starkem Maße
Vorschub. Schon im 12. Jahrhundert hatte die Stadt die gemeinsame Mitte von Patriarchat (Hagia Sophia) und Kaiserpalast
verloren. Die Verlegung hatte zudem Folgen für die kaiserlichen
Prozessionen, ihre Wege und natürlich auch deren Pflege und
Erhaltung, worüber bis heute (natürlich auch mangels ausrei-
chender Quellen) noch kaum Überlegungen angestellt wurden.

Die Entwicklung der Stadt im politischen Rahmen. Die äußere Geschichte der Stadt – damit sind in erster Linie die Angriffe von
Usurpatoren oder auswärtigen Feinden gemeint – wurde von
der Tatsache bestimmt, daß ihr Besitz identisch war mit der Ver-
fügungsgewalt über das Kaisertum und der Herrschaft über das
Reich. In diesem Zusammenhang fallen, wie schon an anderer
Stelle betont, Stadtgeschichte und Reichsgeschichte zusammen.
Wenn der Kaiser außerhalb von den Truppen ausgerufen wurde, mußte er in die Stadt gelangen, um auch die Zusicherung
anderer Wählergruppen zu erhalten. Ein anhaltender Widerstand in der Stadt, der von den nicht militärischen Wahlgruppen
oder auch vom regierenden Kaiser (falls die Soldaten einen Gegenkaiser auf den Schild gehoben hatten) ausgehen konnte, be-
deutete Angriff und Belagerung der Stadt, führte also zu einer
Situation, die man als bürgerkriegsähnlich bezeichnen kann.
Die Mauern der Stadt (fast immer die Landmauern) bildeten zunächst einmal die Barriere, die auf diplomatischem Wege durch
Verhandlungen oder militärisch überwunden werden mußte.
Als etwa im Jahr 601 die Donauarmee einen Gegenkaiser (Pho-
kas) aufstellte und nach Konstantinopel zog, kam es zu einem
Konflikt zwischen Anhängern des neuen und des alten Kaisers
(Maurikios). Als erstes verließen die Wächter in den Türmen
der Landmauer ihre Stellung, doch blieben die Tore noch geschlossen. Erst als der alte Kaiser die Flucht ergriffen hatte,
wurden die Tore geöffnet, die städtischen Anhänger des Usur-
pators begaben sich vor die Mauern und geleiteten ihn in die
Stadt. Etwas anders vollzog sich 705 die Rückkehr des zehn
Jahre zuvor abgesetzten Herrschers Justinian II. Seine Truppen
hatten ohne Erfolg drei Tage die Mauer belagert. Dann schlich

sich der Kaiser (über den Aquädukt, der damals kein Wasser
führte) heimlich in die Stadt hinein und gab sich der überrasch-
ten Bevölkerung zu erkennen. So gewann er mit einer tollküh-
nen List die Stadt und veranlaßte den regierenden Kaiser (Ti-
berios II.) zur Flucht. Im Jahre 821 wiederum unternahm es
Thomas, ein ehemaliger Vertrauter des regierenden Kaisers Michael II., diesen in einer sozial motivierten Revolte zu stürzen.
Er hatte zu diesem Zwecke Flotteneinheiten auf seine Seite gebracht, die nun über ein Jahr lang (von Dezember 821 bis ins
Frühjahr 823) die Seemauern belagerten. Doch ließ die Dauer
der Belagerung angesichts der soliden Sicherung der Stadt den
Aufstand schließlich zusammenbrechen. Alexios I. Komnenos
hingegen hatte 1081 seine Erhebung zum Kaiser zwar mit den
Anführern der wichtigsten Familien (die sich inzwischen alle in
der Hauptstadt niedergelassen hatten) abgesprochen, konnte
sich aber nur dank fremdstämmiger Wachtruppen, die durch
Geld gewonnen wurden, Einlaß verschaffen. Diese wenigen Fälle zeigen, daß das Wehrsystem auch in bürgerkriegsähnlichen
Situationen des Reiches nur von Kräften in der Stadt selbst
überwunden oder außer Kraft gesetzt werden konnte.

Stärker als solche internen Konflikte um den Thron, welche
die Stadt in Bedrängnis brachten, bedrohten Konstantinopel natürlich fremdländische Angreifer, die nicht auf Unterstützung
aus der Stadt selbst rechnen konnten. Gegen sie war das Vertei-
digungssystem in erster Linie auch ausgedacht worden. Konstantinopel wurde in diesen Fällen gewissermaßen ein Opfer
seiner geographischen Lage und der Reichtümer, die sich in der
Stadt befanden. Während bis zum 4. Jahrhundert der thrakische
Raum eine relative politische Stabilität aufwies, änderte sich
dies seit dem Ende dieses Jahrhunderts, als die Stadt die Folgen
jener eurasiatischen Migrationswelle zu spüren bekam, die in
der Geschichtsschreibung die Bezeichnung Völkerwanderung
erhielt. Diese Epoche endete für das Byzantinische Reich erst
mit der endgültigen Übernahme der Herrschaft durch die Osmanen im 15. Jahrhundert und machte die nördlich der Hauptstadt gelegenen Regionen zum Durchzugsgebiet und teilweise
auch zum Siedlungsland von (sogenannten) Hunnen, germani-

schen Stämmen sowie von Awaren, Slaven, Bulgaren, Ungarn, Petschenegen, Kumanen und Mongolen. Zwar lag die Stadt nicht unmittelbar an den Durchzugswegen, aber doch so nahe, daß sie zu Plünderungen ihres reichen Umlandes und zu Versuchen, die Mauern zu überwinden, verlockte.

Kamen in diesen Fällen die Angreifer aus Regionen nördlich des Bosporus, so erwuchs der Stadt eine zweite Front von einer Seite her, die lange Zeit als sicheres Territorium gelten konnte – aus Kleinasien. Anfang des 7. Jahrhunderts erschienen persische (sasanidische) Truppenkontingente erstmals an der Konstantinopel gegenüberliegenden Küste des Bosporus, in der 2. Hälfte des Jahrhunderts stießen die Araber vor, am Ende des 11. Jahrhunderts die Seldschuken (ein Turkvolk, das sich in zentralen Teilen Kleinasiens niedergelassen hatte) und schließlich seit dem späten 13. Jahrhundert die Ansässigen verschiedener türkischer Emirate – darunter, der Stadt unmittelbar gegenüber, die Osmanen.

Eine erste Bewährungsprobe bestand die neu errichtete Landmauer im Jahre 434, als der Hunnenkönig Ruas die Stadt belagerte; 447 kamen Truppen Attilas ebenfalls bis an die Mauern. Als 626 Kaiser Herakleios an der Ostgrenze gegen die Sasaniden kämpfte, rückten diese bis zum Bosporus vor und verständigten sich diplomatisch mit den Awaren, die vor den Landmauern standen. Neben der Unbezwingbarkeit der Mauern half den Byzantinern indes die Überlegenheit zur See, die einen Angriff vom Meer her unmöglich machte und eine geplante Vereinigung der feindlichen Truppen nicht zustande kommen ließ. Damals hat nicht zuletzt die topographische Lage der Stadt – zwei Seeseiten und eine Landseite (also die halbinselartige Position) – das Ihre zum glücklichen Ausgang einer der schwersten Bedrohungen in der Geschichte beigetragen.

Die nächste dramatische Auseinandersetzung wurde fast ausschließlich zur See ausgetragen: 674 war eine arabische Flotte erschienen und versuchte vier Jahre lang in regelmäßigen Abständen Konstantinopel anzugreifen, indem sie ihre Attacken von sicheren Rückzugsquartieren im Marmarameer aus vortrug. Dabei ging es nicht mehr um Plünderung der Stadt, vielmehr sollte durch eine Eroberung der große Rivale des Kalifats dauer-

haft aus der Welt geschafft werden. Zwar waren zu diesem Zeitpunkt die Mauern am Marmarameer wohl noch nicht genügend
ausgebaut, um einem starken Angriff standzuhalten, doch
brachte eine militärtechnische Neuerung die Rettung. Zum ersten Mal kam als Geheimwaffe das griechische Feuer (eine Roh-
öl-Salpeter-Mischung, die mittels Katapulten auf dem Wasser
verteilt wurde und einen Flächenbrand auslöste) zum Einsatz
und vernichtete die arabische Flotte. Im Jahre 717 wiederholte
sich ein solcher Angriff. Mittlerweile aber waren die Seemauern
verstärkt worden, und wiederum wurde das griechische Feuer
eingesetzt. In diesem Zusammenhang wird auch erstmals erwähnt, daß die Verteidiger mit einer Kette das Goldene Horn
absperrten, die an Türmen an der heutigen Serailspitze und dem
gegenüberliegenden Ufer des Goldenen Horns aufgehängt war
und gehoben und gesenkt werden konnte. An der Existenz einer
solchen Kette (die es auch in den Häfen von Antaleia und Dami-
etta gab) ist nicht zu zweifeln; doch wie dieser Abwehrmecha-
nismus tatsächlich funktionierte – man bedenke Länge und Ge-
wicht der Kette –, ist ebenso kontrovers diskutiert worden wie
die mögliche Lage der Pylonen (Türme für Kettenverankerung).
Waren die Bewohner Konstantinopels seinerzeit auf die arabischen Angriffe vorbereitet, so war dies nicht der Fall, als die
varägischen Russen im Jahr 860 die Stadt angriffen und ganz
unerwartet mit kleinen, schnellen Schiffen den Bosporus herab-
kamen. Diese «Flotte» war natürlich nicht in der Lage, gegen
die Wehrbauten etwas auszurichten, doch plünderte und ver-
wüstete sie um so stärker die Umgebung. Überfälle aus dem
Kiever Fürstentum wiederholten sich noch zweimal im nächsten
Jahrhundert (907, 941).

Seit dem 8. Jahrhundert waren es vom Norden her immer
wieder die Bulgaren, die Konstantinopel bedrohten. 812 bohrte
Khan Krum symbolisch seine Lanze ins Goldene Tor, doch erst
Zar Symeon verfügte 100 Jahre später und im Zusammenwir-
ken mit dem byzantinischen Patriarchen Nikolaos über reale
Möglichkeiten, Konstantinopel kampflos zu gewinnen und es
zur Hauptstadt eines bulgarisch-byzantinischen Reiches zu machen. Der Plan scheiterte jedoch an der Opposition gegen einen

Fremdherrscher; immerhin versuchte es der Zar ein letztes Mal, wiederum vergeblich, im Jahre 924. Nie seit 626 (und bis 1204) stand das Schicksal der Stadt so sehr auf des Messers Schneide wie in dieser Situation. Wenig später (934) standen die Ungarn vor den Mauern, und die Legende will, daß der Heerführer Botond, ähnlich Khan Krum, seine Axt in das Goldene Tor schlug. Im Jahre 1090 entstand neuerlich eine dem Jahre 626 vergleichbare Situation, doch waren es nun die Petschenegen (ebenfalls ein Turkvolk wie die Awaren), die die Stadt belagerten und von der Seeseite her von den Seldschuken (dem Emir von Smyrna) unterstützt wurden. In dieser Lage rief Kaiser Alexios I. die Kumanen (ein den Petschenegen sprachlich verwandtes Volk) zu Hilfe und wurde mit diesem militärisch-diplomatischen Schachzug wieder Herr der Lage.

Schon zu Beginn der Herrschaft des Kaisers Alexios I. (1081–1118), der jene Dynastie begründete, die das Reich in den Kreis der internationalen Mächte des europäischen Mittelalters einführte, erhielt auch die Hauptstadt durch den Ausbau der nordwestlichen Region der Stadt – dort, wo die Landmauer an das Goldene Horn heranreicht – ein neues politisches Zentrum, ein zweites Regierungsviertel, das im Laufe der Jahrzehnte immer stärker befestigt und kastellartig ausgebaut wurde. Die Gegend trug die Bezeichnung «Blachernen», ein Name, dessen Herkunft ungeklärt ist, vielleicht aber mit «Farn» (griechisch *blachna*) zusammenhängt – eine Pflanze, die in der feuchten hügeligen Region wuchs. Die Blachernen bildeten, umgeben von einer eigenen Mauer, auch schon in früheren Jahrhunderten einen eigenen, abgegrenzten Teil der Stadt mit Kirchen und kleinen Palästen. Der Grund für die Wahl dieses neuen Zentrums scheint, nach dem Zeugnis der Geschichtsschreiberin Anna Komnena (der Tochter des Kaisers Alexios) mit einer Vorliebe der Mutter des Kaisers, Anna Dalassena, zusammenzuhängen, welche die Ruhe, die dieses Viertel der Stadt damals noch bot, schätzte, doch lassen sich auch andere Gründe, von denen bereits die Rede war (S. 30), ausmachen. Die Gebäude im Blachernenviertel dienten wohl ursprünglich mehr als Privaträume der großen kaiserlichen Familie, wurden aber auch zunehmend für

offizielle Zwecke umfunktioniert. Ausgangspunkt der Baumaßnahmen, also der Blachernenpalast im eigentlichen Sinn, war
eine kleine Anlage neben der Blachernenkirche, einem frühen
Marienheiligtum, das den Kaisern als Aufenthaltsort bei Prozessionen diente. Es wurde zunächst von Alexios I. und später
von einem seiner Enkel, Manuel I., zu einem hohen, repräsentativen Palast ausgebaut, von dem heute nur noch Substruktionen
erhalten sind. Dort fanden schon 1096 die Gespräche mit den
Führern des ersten Kreuzzuges statt, und man konnte wegen der
günstigen topographischen Randlage vermeiden, daß die westlichen Fürsten mit ihrem Gefolge weitere Teile der Stadt betreten und in Augenschein nehmen konnten. Der «neue» Palast
war aber auch Schauplatz wichtiger kirchlicher Ereignisse, so
bereits 1092, als Kaiser Alexios dort Säkularisierungsmaßnah-
men rechtfertigen mußte, oder etwa jener Synode von 1166, in
der Kaiser Manuel sich mit dogmatischen Lehren aus dem Westen auseinandersetzte. Im Verlauf des 12. Jahrhunderts war das
Blachernenviertel ständig Baugebiet, wovon zwar schriftliche
Quellen, aber kaum archäologische Reste Zeugnis ablegen.

Das 12. Jahrhundert hat jedoch nicht nur im Blachernenviertel Neuerungen gebracht. In einem noch wenig bebauten Bereich am Abhang der antiken Akropolis in Richtung zum Goldenen Horn errichtete Kaiser Alexios I. einen großen Komplex
(Hagios Paulos) mit verschiedenen sozialen Einrichtungen: Wai-
senhaus, Schule, Hospiz, Altenheim und eine Kirche, vielleicht
an der Stelle früherer Institutionen dieser Art, von denen der
Historiker Prokop im 6. Jahrhundert spricht. Doch auch von
diesen stattlichen Anlagen besitzen wir keine eindeutig zu identifizierenden archäologischen Reste und sind allein auf Hinweise
in einer Urkunde angewiesen.

Den markantesten Einschnitt in der Geschichte der Stadt –
ebenso wie in der des gesamten Reiches – stellt ihre Eroberung
durch die Kreuzfahrer im April 1204 dar. Der Charakter Konstantinopels hat sich durch dieses Ereignis vollständig verändert. Die Eroberung ist das Resultat der inneren Lage des Reiches und der sozialen Konstitution der Stadt in den Jahren um
1200. Das Geschehen selbst ist rasch erzählt: Die Venezianische

Flotte der Kreuzfahrer war zunächst nicht gekommen, um die Stadt zu erobern, sondern um von Kaiser Alexios IV. jene Gelder einzufordern, die das Flottenunternehmen nach Jerusalem kostete und die die Kreuzfahrer zu leisten nicht imstande waren; darüber hinaus wollten sie ihm politische Versprechungen abringen, die Liturgie und Dogmen betrafen und im Zusammenhang mit der Kirchenunion standen. Dies verstanden sie als Gegenleistung für seine Wiedereinsetzung in die kaiserlichen Rechte. Erst als im Februar 1204 offensichtlich wurde, daß Alexios zur Erfüllung dessen nicht in der Lage war, vielmehr sogar von der Stadtbevölkerung abgesetzt wurde, war für Venezianer und Kreuzfahrer der Moment gekommen, ihren Forderungen durch eine Eroberung der Stadt Geltung zu verschaffen. Wenn damals zum ersten Mal in der fast neunhundertjährigen Geschichte der Stadt eine Eroberung glückte, so lassen sich dafür kurz und knapp folgende Gründe anführen: a) die Venezianische Flotte lag (seit Juli 1203) zehn Monate im Goldenen Horn und stellte eine tägliche Bedrohung dar, die die Verteidigungsbereitschaft lähmte, b) die städtische Bevölkerung war völlig uneins (und teilweise am politischen Geschehen desinteressiert) infolge der Rivalitäten von fünf Kaisern oder Kaiserkandidaten in nur zehn Monaten, c) drei Brände (vgl. Abb. 3, S. 46) hatten große Teile der Mauer am Goldenen Horn beschädigt und den Hauptangriff dort am 12. April 1204 möglich gemacht, d) die lateinischen Ritter hatten während ihrer zehnmonatigen Wartezeit die Stadt genügend ausspionieren können, so daß sie nach dem Eindringen am 13. April 1204 die strategisch wichtigen Punkte schnell erreichen und besetzen konnten, e) die unteren Schichten des Stadtvolkes setzten keinen Widerstand entgegen und sahen in den «Lateinern» durchaus auch Befreier vom politischen Chaos, unter dem sie am meisten zu leiden hatten.

So wurde Konstantinopel bis Juli 1261 Hauptstadt eines lateinischen Kaiserreiches, über deren urbanen Status die griechischen Quellen kaum, lateinische Quellen allenfalls unter wirtschaftsgeschichtlichem Aspekt Auskunft geben. Auch wenn byzantinische Historiker die Eroberung 1204 in manchen Einzelheiten gewiß übertrieben darstellen, so haben vor allem drei

Brände (Juli und August 1203 sowie April 1204) große Schäden angerichtet, da in Konstantinopel wohl schon viele Häuser ganz oder teilweise aus Holz errichtet waren, eine Bauweise, die in den folgenden Jahrzehnten noch zunahm. Da die höfische Gesellschaft aus der Stadt floh, standen viele Häuser leer und verfielen langsam, zumal Nachzug aus den Heimatländern der Kreuzfahrer kaum erfolgte. Bei der vertraglichen Aufteilung der Stadt fielen damals drei Achtel des Territoriums an die Venezianer (vgl. Abb. 6, S. 86) und der Rest an die Kreuzfahrer, deren Führer die Stadt aber bald verließen und sich in den übrigen Teilen des ihnen zugefallenen Reiches neue Besitztümer suchten. Die Venezianer erhielten die wirtschaftlich wichtigsten Teile der Stadt zwischen der Mittelstraße (Mese) und dem Goldenen Horn. Das Pantokratorkloster wurde Sitz des venezianischen Statthalters (Bailo), so daß auch den drei Kirchen eine leidliche Pflege zuteil wurde, wie beispielsweise Fundstücke von (vermutlich) lateinischem Glas erkennen lassen.

Den (großen) Kaiserpalast übernahm der erste lateinische Kaiser Balduin von Flandern, den Blachernenpalast sein Bruder Heinrich. Da Balduin aber schon 1205 in bulgarische Gefangenschaft geriet und danach sein Bruder die Kaiserherrschaft übernahm, stand der alte Kaiserpalast fortan wohl weitgehend leer und war ohne Funktion. Die Hagia Sophia wurde Sitz des lateinischen Patriarchen, doch brachten die enormen Ausmaße der Kirche schon bald finanzielle Probleme des Unterhalts mit sich. Auch andere Kirchen, die von den Lateinern übernommen wurden und von denen wir nur sehr sporadische Nachrichten besitzen, litten unter Geldmangel. Die Kirche des lateinischen Patriarchen war die meiste Zeit eine Institution mit wenigen Gläubigen, und es fehlte eine reiche kaiserliche Schatulle wie zu Zeiten der byzantinischen Herrscher, aus der man die mangelnde Finanzierung hätte ausgleichen können. In der heute als Kalenderhane Camii bekannten Kirche der Maria Kyriotissa ließ sich (nach 1220) eine franziskanische Mönchsgemeinde nieder, die deren Ausgestaltung mit einem heute in Fragmenten erhaltenen Freskenzyklus, der die Wunder der Heiligen zeigt, bei einem westlichen Künstler in Auftrag gab. Trotz solcher Bemühungen verfiel die Kirche im Laufe der Zeit so sehr, daß sie nach 1261 restauriert werden mußte.

Das urbanistische Hauptproblem des lateinischen Konstantinopels bestand darin, daß die Stadt jede zentrale Funktion verloren hatte. Der lateinische Kaiser war ein Herrscher, dessen Reich bereits 1205 und verstärkt seit 1216 zerfiel und zunehmend von Rivalität und Streitigkeiten um die Führung belastet wurde – einmal ganz abgesehen von den fehlenden Mitteln, einen institutionellen Apparat aufzubauen. So gab es in Konstantinopel keinen Platz für eine reiche höfische Schicht, die Kunst und Handwerk hätte fördern können. Für die Venezianer wiederum war Konstantinopel nur ein großer Handelsplatz, der in erster Linie der Förderung der Mutterstadt galt. Anstatt für Aufbau und urbane Entwicklung zu sorgen, exportierten die nunmehr in Konstantinopel ansässigen lateinischen Mächte den noch vorhandenen materiellen Reichtum. Niemand versuchte, sich mit der Stadt und ihren alten Traditionen zu identifizieren, und wir können dies historisch gesehen auch nicht erwarten angesichts des tiefen Risses, der die östliche und die westliche Kultur – nicht nur die Kirche – zu Beginn des 13. Jahrhunderts trennte.

So dramatisch sich 1204 die Eroberung Konstantinopels gestaltet hatte, so banal und zufällig vollzog sich die Wiedergewinnung durch die Byzantiner. Ein byzantinischer Flottenführer, Alexios Strategopulos, bemerkte am 25. Juli 1261 auf dem Weg ins Schwarze Meer, daß die Mauern Konstantinopels – wegen eines Friedensvertrages mit dem byzantinischen Kaiser – unbewacht waren und drang, nahezu ohne auf Widerstand zu stoßen, in die Stadt ein. Schon am 15. August, dem großen Marienfest (Mariae Himmelfahrt, griechisch Koimesis), zog Kaiser Michael VIII. Palaiologos in die Stadt ein und mit ihm der Patriarch und der gesamte Hofstaat des nikänischen «Exilreiches». Konstantinopel wurde quasi automatisch wieder Mittelpunkt des Reiches mit allen seinen Funktionen, wenngleich eines Reiches in wesentlich kleineren Dimensionen als vor 1204. Dies hatte zur Folge, daß Konstantinopel noch stärker als in früheren Jahrhunderten zum unmittelbaren Schauplatz der Geschichte des Reiches wurde, um schließlich in der Mitte des 15. Jahrhunderts, vor der türkischen Eroberung, auch territorial mit dem «Reich» fast identisch zu sein.

Doch damals, in der 2. Hälfte des 13. Jahrhunderts, galt die Sorge der Kaiser – besonders Michaels VIII. und dann seines Sohnes Andronikos II. – dem Wiederaufbau der Hauptstadt. Daran waren alle großen Familien finanziell beteiligt. Die Präsenz des Hofes lockte auch wieder Künstler und Handwerker aus den griechischen und orthodoxen slavischen Ländern zurück, so daß innerhalb weniger Jahrzehnte Konstantinopel neuerlich zu einem Zentrum urbaner Kunstfertigkeit wurde. Darunter litt freilich die Provinz, aus der Bauteile in die Hauptstadt geschafft wurden. Grundlage für diesen raschen Aufschwung, der jedoch im wesentlichen nur an Kirchen und Privatpalästen sichtbar wurde, war der Reichtum großer Familien, die ihre Einkünfte aus Landbesitz, später aus Handelsgeschäften bezogen. Diesem Reichtum war es zu verdanken, daß zahlreiche Kirchen – nur in wenigen Fällen sind indes heute die archäologischen Reste noch nachweisbar – nicht nur restauriert und mithin wieder benutzbar wurden, sondern im Innern ganz neu ausgestattet und bisweilen mit neuen Grundrißteilen – kapellenartigen Ausbauten, Parekklesia genannt – versehen wurden. Die bekanntesten, auch heute noch (oder nach der modernen Restaurierung wieder) sichtbaren Beispiele sind die Kirche des Chora-Klosters, deren Ausstattung der Staatsmann und Gelehrte Theodoros Metochites konzipierte und finanziell trug, und die Pammakaristos-Kirche, die den Stifterfamilien auch als Grablege diente. Die Kirche der Gottesmutter «Peribleptos» schildert uns der spanische Reisende Ruy Gonzáles de Clavijo in einer Pracht, die alle Schäden früherer Zeiten vergessen läßt.

Aber im neuen Glanz erstrahlten wohl relativ wenige Bauten. Der alte Kaiserpalast verfiel, und es gab dort kaum einen Raum, der noch zeremoniellen Zwecken dienen konnte. Allein der Hippodrom wurde weiterverwendet, auch wenn er seit der Lateinerherrschaft der meisten Bildwerke beraubt war. Auch waren weite Teile des Blachernenpalastes nach Augenzeugenberichten im 15. Jahrhundert schon verfallen; bis zum Untergang der Stadt verblieb wohl nur der Bereich um den sogenannten

Tekfur Sarayı. Andauernde Pflege erfuhren hingegen die Mauern der Stadt, wie die verschiedenen Bauinschriften zeigen. Besonders aber wirkte sich auf das Stadtbild als ganzes natürlich die ständig sinkende Einwohnerzahl aus. Mehr und mehr erdgeschossige Holzbauten dominierten den Eindruck, wenn auch immer wieder einzelne Schmuckstücke der Vergangenheit dazwischen aufschienen. In dieser Weise ist die Stadt auch auf den verschiedenen Veduten wiedergegeben, die die Reisebeschreibung des Cristoforo Buondelmonti (kurz vor 1420) begleiten.

Im März 1261, wenige Monate bevor die Hauptstadt zurückgewonnen werden konnte, hatte Kaiser Michael VIII. im Exil in Nikaia eine folgenschwere Entscheidung getroffen: er schloß umfangreiche Handelsverträge mit den Genuesen, die auch territoriale Zugeständnisse in Konstantinopel einschlossen, sollte dieses wieder in die Hände der Byzantiner fallen. Eine militärische Hilfe der Genuesen zur Rückeroberung war, wie oben gezeigt, zwar nicht nötig, doch war der Kaiser gehalten, die Vereinbarungen zu erfüllen, die bis zum Untergang der Stadt zu ständigen Auseinandersetzungen zwischen Byzantinern, Venezianern und Genuesen führten. Nach Gebietsstreitigkeiten mit den Venezianern, denen 1265 wieder ein Niederlassungsrecht zugesichert worden war, wurde den Genuesen Ende 1267 in der hügeligen Region an der Einmündung des Goldenen Horns in den Bosporus, gegenüber der Serailspitze, in dem seit alters Galata genannten Stadtteil, ein Territorium zugewiesen. Die Gegend war wenig bewohnt und trug die volkssprachliche griechische Bezeichnung *Pera* («gegenüber») – ein Wort, das in dieser Form von den neuen Bewohnern als Name für ihre Niederlassung ins Lateinische übernommen wurde. Dort errichteten die Genuesen eine eigene Stadt, die sich mit hohen Häusern und engen Straßen die Anhöhe hinaufzog und städtebaulich, auch von der Hügellage her, der Mutterstadt Genua nicht ganz unähnlich war. Trotz eines ausdrücklichen Verbots befestigten sie 1307 ihre Stadt, umgaben sie in mehreren Bauphasen mit einem Mauerring und errichteten 1348 – ebenfalls gegen den Willen der Byzantiner – den großen Wehrturm auf der Spitze des Hügels, der mit Veränderungen bis heute erhalten ist. Nach 1350

machte man ihnen im Verlauf eines byzantinischen Bürgerkrie-
ges weitere territoriale Zugeständnisse und inkorporierte als
eine Art Vorstädte, untereinander durch kleinere Mauern getrennt, auch von griechischer Bevölkerung bewohntes Terrain.
Der auf zwei Jahre entsandte Vertreter Genuas, der podestà, besaß einen eigenen Palast und wird auch im Hofzeremoniell des
byzantinischen Kaisers erwähnt. Die Stadt, die ganz nach ge-
nuesischem Recht verwaltet wurde und mit gewissen Einschrän-
kungen ein exterritoriales Gebiet im byzantinischen Staat bildete – oder sich in der Praxis in diese Richtung entwickelte –,
besaß neben einem eigenen Hafen zahlreiche lateinische Kirchen
und Klöster der neuen Mönchsorden, darunter besonders ein-
drucksvoll noch heute die später in eine Moschee (Arap Camii)
umgewandelte Kirche der Dominikaner (San Paolo e Domeni-
co). Schon zu dieser Zeit wurde die Stadt der Genuesen zum
Aufenthaltsort aller westlichen Reisenden – die Venezianer ausgenommen, die weiterhin an ihrer alten Stelle gegenüber Pera,
in Konstantinopel selbst siedelten. Nach der Eroberung Konstantinopels durch die Osmanen blieb, nun freilich ganz osmani-
schem Recht unterworfen, dieser spezielle gesellschaftliche Charakter der Ansiedlung erhalten. Pera-Galata wurde zum Viertel
der europäischen (nichtmuslimischen) Nationen und hat in vielfacher Hinsicht diese Eigenart bis zum heutigen Tag bewahrt.

    Die politische Stadtgeschichte des 13., 14. und 15. Jahrhun-
derts wurde vornehmlich von drei Faktoren geprägt, die den
bereits erwähnten «stadt-staatlichen» Charakter Konstantinopels in dieser Zeit widerspiegeln und überhaupt oder zumindest
in dieser ausgeprägten Form vor 1204 nicht möglich gewesen
wären:

    1) Die Auseinandersetzungen zwischen Venedig und Genua.
Diese Konflikte ereigneten sich vor dem allgemeinen Hintergrund der Rivalität der beiden Seerepubliken im 13. und 14. Jahrhundert und können hier nicht behandelt werden; in ihrem
Verlauf aber wurde in vielen Fällen Konstantinopel zum «Neben-
kriegsschauplatz». Dabei hatte Genua im Bereich Konstantinopels wegen seiner topographisch herausragenden Stellung im allgemeinen die stärkere Position. Die byzantinischen Kaiser unter-

stützten in unterschiedlicher, aber vielfach unglücklicher Weise
jeweils eine der beiden Parteien, besonders deutlich im sogenannten Bosporuskrieg (1349–1352), in dem sich die Byzantiner den
Venezianern anschlossen, um das Handelsprivileg der Genuesen
zu brechen; nach dem unvermittelten Abzug der Venezianer
wurden sie von den Genuesen besiegt und ihre ohnehin bescheidene Flotte ging vor den Augen der Stadtbewohner unter.

2) Thronrivalitäten. Im Gegensatz zur Zeit vor 1204 waren
fortan Thronrivalitäten mit Familienauseinandersetzungen identisch, in welche alle ebenfalls in der Hauptstadt ansässigen –
und ausnahmslos mit der Dynastie verwandten Familien – unmittelbar miteinbezogen waren. In diese Streitigkeiten, von denen einige (1321–1328; 1341–1355) in Bürgerkriege ausarte-
ten, waren auch Genuesen und Venezianer verwickelt, die aus
der Lage wieder Vorteile für ihre eigene Stellung in der Stadt
ziehen konnten – so etwa, als die Genuesen dort illegale Wehrbauten errichteten. Bei einigen Usurpationen gegen Ende des
14. Jahrhunderts (1376–1379) wurde sogar der osmanische
Sultan in den Parteienstreit, der sich ganz auf dem Territorium
der Stadt abspielte, miteinbezogen.

3) Die türkische Präsenz im Umkreis der Stadt. Die Eroberung Konstantinopels war spätestens seit der Mitte des 14. Jahrhunderts ein erklärtes Ziel der osmanischen Politik, und im Gegensatz zu den Kriegszügen der Araber in früheren Jahrhunderten oder den Angriffen anderer Feinde war dieser Plan gerade
deshalb realistisch, weil das osmanisch beherrschte Territorium
bis fast an die Tore der Hauptstadt heranreichte. So erlebte
Konstantinopel insgesamt vier unterschiedlich lange, wenn auch
erfolglose Belagerungen durch die Truppen des Sultans: in den
Jahren 1394–1402, im Sommer 1422, im Sommer 1442 und im
Sommer 1448. Sie scheiterten, weil die Verteidigungswerke
standhielten und die Osmanen eine zu bescheidene und außerdem vielfach fremdstämmige Flottenmacht besaßen. Im Jahre
1402 war allerdings die Niederlage der Osmanen gegen die
Truppen des Timur Lenk maßgebend, vielleicht sogar allein ent-
scheidend dafür, daß die Stadt nicht schon damals erobert wurde. Eine rund sechzigjährige, ständige Kampfbereitschaft, die

alle Kapazitäten der sich allein verteidigenden Stadt in Anspruch
nahm, hat keine weitere urbane Entwicklung mehr zugelassen.

Das einschneidendste Ereignis in der Geschichte Konstantinopels war die Eroberung am 29. Mai 1453, deren Konsequenzen
für die Geschichte des byzantinischen Staates, der damit von der
Landkarte verschwand, ganz andere waren als für die Geschichte der Stadt. Denn diese wurde Hauptstadt eines Staatswesens,
welches in gewissem Sinn das Erbe des byzantinischen Reiches
antrat. In Konstantinopel, das diesen Namen als Konstantiniye
bis zum 28. März 1930 weiterführte, begann ein neuer urbaner
Aufschwung, ganz im Gegensatz zu den Folgen, welche die lateinische Eroberung des Jahres 1204 nach sich gezogen hatte. Zwar
waren die kulturellen und ideologischen Voraussetzungen fortan andere, doch galten wieder ähnliche Prämissen wie in byzantinischer Zeit: Konstantinopel erhielt erneut eine zentrale Funktion und wurde von Anfang an wieder religiöser Mittelpunkt
eines Staates, in dem die Religion in allen Bereichen eine weitaus
größere Rolle spielte als jemals in Byzanz. Aber die Kontinuität
dieser allgemeinhistorischen Faktoren darf nicht darüber hinweg-
täuschen, daß die osmanische Stadt in ihrer äußeren Gestalt,
ihrer inneren Dynamik und ihrer Verwaltungsstruktur nur wenig
mit dem byzantinischen Konstantinopel zu tun hatte, so daß eine
mittelalterliche Stadtgeschichte Konstantinopels mit den politischen Ereignissen des Jahres 1453 ihren Abschluß finden kann.

4. Äußere Faktoren der urbanen Entwicklung

Auf den vorausgegangenen Seiten war von der Entwicklung der
Stadt und ihren Schicksalen die Rede, soweit sie auf intentiona-
lem menschlichem Handeln beruhen. Von kaum geringerer Bedeutung, wenngleich die Quellen sie oft nur ganz beiläufig erwähnen und ohne detailliert auf Folgen einzugehen, waren die
Naturkatastrophen, besonders Brände und Erdbeben, die das
Bild ganzer Stadtviertel veränderten und zu häufigen Baumaßnahmen Anlaß gaben. Eine ältere, aber nicht mehr ganz zu-
verlässige Aufstellung zählt in byzantinischer Zeit 38 Brände,
denen 67 in den rund 450 Jahren osmanischer Herrschaft gegen-

überstehen. Dieser Unterschied ist wohl nicht nur sekundär einer größeren Überlieferungsdichte geschuldet, sondern primär auf eine umfangreichere Holzbauweise in osmanischer Zeit zurückzuführen. Unter diesen Bränden – um uns jetzt wieder auf die byzantinische Zeit zu beschränken – waren nur wenige Flächenbrände, die gegebenenfalls große bauliche Veränderungen nach sich gezogen haben. So brach etwa im Jahr 465 in einem Fischladen ein Brand aus, der den gesamten südlichen Teil der Stadt vom Neorionhafen am Goldenen Horn bis zum Kontoskalionhafen am Marmarameer in Mitleidenschaft zog und sogar den Kaiser veranlaßte, vorübergehend den Palast zu verlassen. Der am 15. Januar 532 im Verlauf des Nika-Aufstandes ausgebrochene Brand hat das gesamte Areal der Altstadt erfaßt und Kaiser Justinian die Gelegenheit gegeben, nicht nur die dritte Sophienkirche zu errichten, sondern den gesamten Bereich zwischen Hippodrom, Hagia Sophia und den Fora neu zu gestalten und mit dieser Maßnahme für immer mit seinem Namen zu verbinden. Kaum weniger verheerend waren die von den Kreuzfahrern verursachten drei Feuer im Juli und August 1203 und während der Eroberung 1204 (Abb. 3, S. 46). Sie trafen die wirtschaftlich wichtigen Teile am Goldenen Horn und am Marmarameer und erstreckten sich bis zum Konstantinsforum, so daß auch viele Bauten in der Repräsentationszone am oberen Teil der Mese betroffen waren. Im Gegensatz zum Zeitalter Justinians war nun an einen Wiederaufbau nicht zu denken und die Spuren dürften auch in den folgenden Jahrhunderten noch wahrzunehmen gewesen sein. Im Jahr 1434 brannte eines der großen Heiligtümer der Stadt, die Blachernenkirche, nieder, als Tauben jagende Jungen Kerzen umstießen. Es ist charakteristisch für die Situation der Stadt und des Reiches, daß die Kirche, trotz ihrer Funktion im Rahmen des Zeremoniells des Blachernenpalastes, nicht wieder aufgebaut wurde. Dagegen haben wir keine Hinweise darauf, daß die Eroberung 1453 von nennenswerten Bränden begleitet gewesen wäre. Baupolizeiliche Vorschriften – aus dem 5. und 6. sowie dem 10. Jahrhundert – belegen, daß Hausreihen, jedenfalls in früh- und mittelbyzantinischer Zeit, aus Brandschutzgründen festgelegte Abstände haben mußten. Auch die Wasserversor-

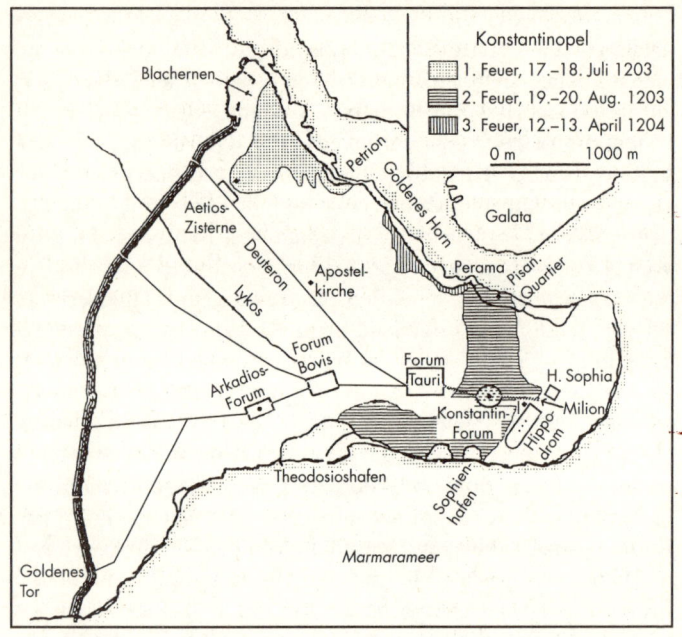

Abb. 3: Die Brände im Verlauf des 4. Kreuzzuges (1203/4) (nach Madden)

gung für Zapfstellen und Zisternen war – so läßt es sich aus entsprechenden Vorschriften schließen – durchaus geregelt und hat wohl auch tatsächlich soweit funktioniert, daß viele Brände durch rasch erfolgende Löschmaßnahmen begrenzt blieben.

Unvergleichlich stärker haben Erdbeben das Gesicht der Stadt geprägt, wie bereits an anderer Stelle hervorgehoben worden ist, da Konstantinopel – wie auch das moderne Istanbul – am Schnittpunkt mehrerer tektonischer Platten gelegen ist. In den Quellen – es sind fast ausschließlich Werke der Geschichtsschreiber – werden bis zum Jahr 1453 etwa 50 Erdbeben erwähnt, doch kann nicht immer zwischen Hauptbeben und Nachbeben unterschieden werden, so daß die Zahl selbst kritisch zu bewerten ist. Auch werden nur bedeutende Bauten in den Berichten hervorgehoben, besonders Kirchen und Ehrenmonumente, welche Schäden erlitten hatten, während die meisten Zerstörungen in der Fläche unerwähnt bleiben, für die Rekonstruktion der Baugeschichte also nicht herangezogen werden können.

Besonders gefährdet durch Erdbeben war ein Bau wie die Sophienkirche, deren statische Konstruktion von Anfang an ein architektonisches Wagnis war. Schon fünfzehn Jahre nach dem Neubau zerstörten Erschütterungen in den Jahren 553 und 557 die Zentralkuppel und gaben Anlaß, diese durch Erhöhung umzugestalten und somit den Druck auf die Seitenwände zu mindern. Trotzdem brachen die verschiedenen Kuppelkonstruktionen bei vier Erdbeben (869, 889, 1343 und 1344) immer wieder ein und beschädigten den Schmuck des Altarraumes, der nach den letzten Erdbeben aus Geldmangel nur mehr sehr unvollständig erneuert werden konnte. Substruktionen unter Kirchen, oft auch für Zisternen dienend (wie besonders deutlich im Falle der Pammakaristos-Kirche) milderten die Wucht der Erdstöße und hielten so die größten Schäden ab. Auch «Präventivmaßnahmen» zum Schutz vor Personenschäden sind überliefert. So soll vor dem Erdbeben des Jahres 869 ein bekannter Mathematiker und Naturwissenschaftler (Leon der Philosoph) allen in der Kirche (es ist die Theotokos-Kirche «en to sigmati») Versammelten den Rat gegeben haben hinauszugehen: «Alle, die ihm nicht folgten, fanden den Tod. Der Philosoph, der sich mit zwei anderen an eine Säule unter einem Bogen gestellt hatte, blieb unversehrt, und sonst nur neun weitere, die unter dem Ambo waren». Aus einem anderen Text erfahren wir, daß die Kirche «in einer stabileren Bauweise als früher» wiederhergestellt wurde.

Im Gegensatz zum ersten Rom ist die Stadtgeschichte des zweiten auch ganz erheblich von klimatischen Faktoren bestimmt, die in der geographisch kontinentalen Lage Konstantinopels ihre Ursache haben. Wenn aufgrund einer neuen Untersuchung nun auch statistisch genaue Zahlen zur Verfügung stehen, diese aber für eine tausendjährige Stadtgeschichte relativ niedrig erscheinen, so ist (neben dem Quellenverlust) freilich zu bedenken, daß nur die markantesten Phänomene einer Erwähnung würdig waren.

Die Sommermonate waren bisweilen von verheerenden Gewittern und Regenfällen gekennzeichnet. Sie sind für 24 Jahre (im Gesamtzeitraum 330–1453) oft mit ausführlicher Beschreibung erwähnt; solche Naturereignisse haben in einer Stadt, die zum größten Teil durch Hanglage gekennzeichnet ist, nicht nur die (vielfach ungepflasterten) Straßen zu Sturzbächen werden lassen, sondern auch zum Abrutschen und zum Einsturz von Häusern geführt. Kaum weniger häufig – für 18 Jahre im Gesamtzeitraum – dokumentieren die Texte Schneefälle, Eis und klirrende Kälte, die oft über mehrere Monate andauerten und der Bausubstanz nicht weniger schadeten als die sommerlichen Wolkenbrüche. Der Eisgang hat in den Wintern 764 und 928 sogar Schäden an den Landungsstegen und den Seemauern verursacht. Ausdrücklich genannt sind auch sommerliche Hagelunwetter, die nicht nur die vielen Fruchtbäume und Weinberge in der Stadt zerstörten, sondern auch Schäden an den Dächern der einfacheren Gebäude anrichteten. Nur wer die heutige Stadt nicht kennt, ist überrascht, welche Rolle die Winde – die vom Norden aus dem Schwarzmeerraum und vom Süden aus Kleinasien wehen – im Leben der Stadt spielen. Für 13 Jahre (wiederum im Gesamtzeitraum des byzantinischen Reiches) werden (vor allem im Sommer und Herbst) außergewöhnlich heftige und lang andauernde Winde vermeldet, die Dächer abdeckten und viele Ehrensäulen, die schon durch die Erdbeben brüchig geworden waren, und besonders die darauf befindlichen Standbilder beschädigten. Der bekannteste Vorfall ereignete sich 1106, als die Statue Kaiser Konstantins auf das Konstantinsforum herabstürzte und viele Menschen, die sich dort aufhielten, erschlug.

5. Die innere Verwaltung der Stadt

Die innere Verwaltung Konstantinopels und seiner Umgebung – in erster Linie Rechtsprechung, Aufsicht über Ausländer und Regelung des Wirtschaftslebens – unterstand einem kaiserlichen Beamten, der überwiegend in den Quellen als «Eparch» bezeichnet wird und bereits seit 359, damals noch unter der Bezeichnung *praefectus urbi*, die Geschicke der Stadt lenkte. Erst die Schaffung dieser Institution machte Konstantinopel zu einer Hauptstadt. Aus einem Verwaltungstraktat des Jahres 899 geht hervor, daß er in mittelbyzantinischer Zeit über einen umfangreichen Apparat an Untergebenen verfügte, von denen einige auch für die Überwachung der einzelnen Stadtviertel zuständig waren. Für das 10. Jahrhundert existieren ausführliche gesetzliche Bestimmungen, in denen die Kontrolle von Teilen des wirtschaftlichen Lebens Konstantinopels durch das Büro des Eparchen geregelt sind. Die Nähe des Eparchen zu Hof und Kaiser war immer gegeben und führte schon im 12. Jahrhundert, besonders aber in spätbyzantinischer Zeit dazu, daß das Amt (unter Verlust seiner Selbständigkeit) von Angehörigen großer, mit dem Kaiserhaus verwandter Familien übernommen wurde. Die verschiedenen Dienststellen des Eparchen, dessen Funktion einmal als «Verwalter, Ordner der Märkte, Beschützer der Stadt» umschrieben wird, befanden sich im spätantiken und byzantinischen Konstantinopel an verschiedenen, heute nicht mehr sicher zu identifizierenden Teilen der Stadt; die zentrale Amtsstelle lag aber an der Mittelstraße zwischen Augustaion und Konstantinsforum.

6. Der «Großraum» Konstantinopel

Keine einzige Stadt der europäischen Antike und des Mittelalters verfügt über ein Hinterland, das auf so vielfältige Weise mit der Zentrale verbunden war wie Konstantinopel (Abb. 4, S. 50). Ebenso wie die Byzantiner über keinen eigenen Namen für diesen Raum verfügten, ist auch seine Begrenzung eine Ermessensfrage der heutigen Forschung. Zu diesem Territorium gehören in erster Linie der thrakische Raum im Norden bis zu den von Kaiser Anastasios (wohl um 500) errichteten «langen Mauern» zwischen Selymbria und dem Schwarzen Meer, der Bosporus sowie die Inseln und Küstenstädte des Marmarameeres und der küstennahe Bereich Bithyniens mit den wichtigsten Orten Prusa, Nikomedeia und Nikaia. Administrativ ist dieses Hinterland den jeweiligen (spätantiken) Provinzen und byzantinischen Themen eingegliedert – während Konstantinopel eigenständig war –, doch hatte der Eparch von Konstantinopel auch hier gewisse juristische Vollmachten zur Sicherung der Hauptstadt.

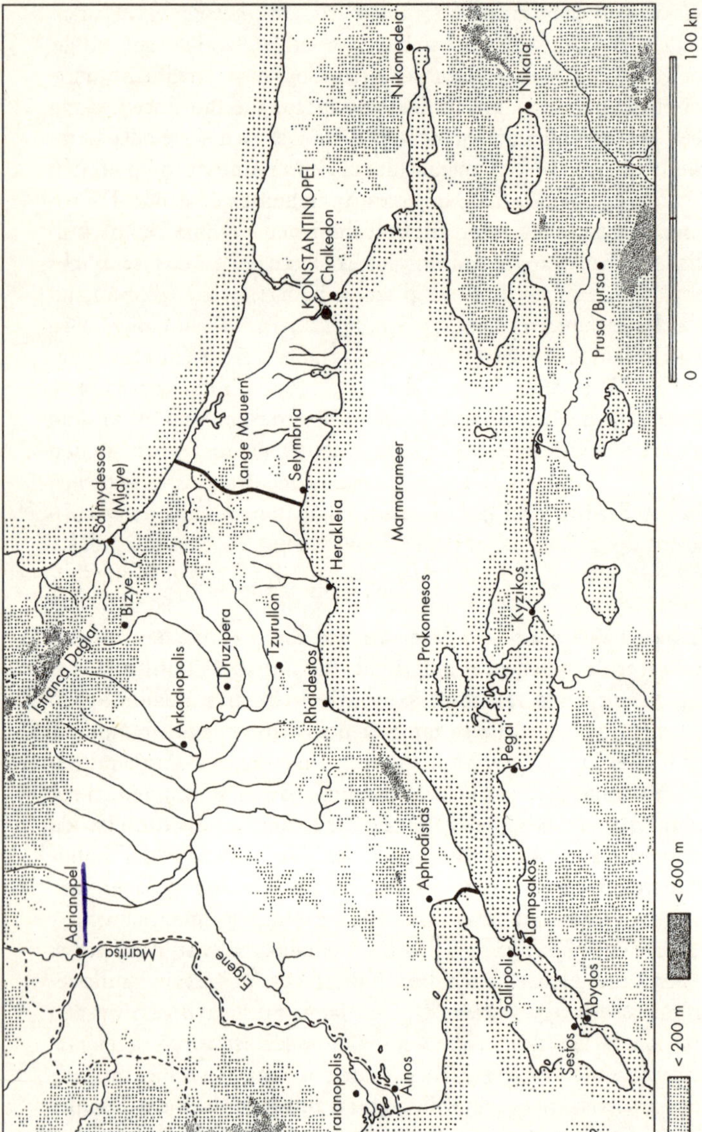

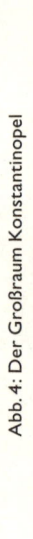

Abb. 4: Der Großraum Konstantinopel

Der Region kam schon vor der Gründung Konstantinopels mit ihren Städten und Kaiserresidenzen Chalkedon, Nikomedeia, Nikaia und Perinthos/Herakleia eine erhebliche wirtschaftliche und kulturelle Bedeutung zu, die die Entwicklung der neu gegründeten Stadt förderte. Der Wasserreichtum im Norden (jenseits der langen Mauern) war Voraussetzung für den Luxus der Großstadt. Der Marmorreichtum auf der Insel Prokonnesos (und Kyzikos) ermöglichte einen raschen Nachschub für Palast- und Prunkbauten. Der bis heute bekannte Fischreichtum des Marmarameeres deckte den Bedarf der Bevölkerung an Meeresprodukten. Das nahe bithynische Weide- und Hügelland war ein Eldorado für Viehzucht und sicherte die Versorgung der Stadt mit den entsprechenden Nebenprodukten. Der flachere thrakische küstennahe Teil des Marmarameeres erlaubte den Anbau von Gemüse und Gartenfrüchten. Die heißen Quellen in Bithynien wurden von den reicheren Konstantinopolitanern als Heilorte aufgesucht und die (damals) dichten Wälder auf beiden Seiten des Bosporus, in dessen Umgebung auch Sommerpaläste lagen, bildeten beliebte Jagdgründe für Kaiser und Hofgesellschaft. Auf der asiatischen Seite des Marmarameeres und im Bereich des bithynischen Olymp entstand in mittelbyzantinischer Zeit eine reiche Klosterlandschaft, die in regem geistigen Austausch mit der Hauptstadt stand. Die schmalen Zugänge zum Marmarameer – Hellespont und Bosporus – haben feindliche Flotten zwar nicht grundsätzlich abhalten können (Araber, Russen, Osmanen), aber die Zahl möglicher Angriffe zur See erheblich reduziert. Vor allem für die Bevölkerung im thrakischen Hinterland bot das weite, freie Gelände innerhalb der Landmauern mitunter wochenlangen Schutz bei den vielen feindlichen Angriffen aus dem Norden und längeren Belagerungen.

Auch wenn die vorliegende Darstellung aus Platzgründen das Hinterland nicht ausführlich und seiner Bedeutung entsprechend miteinbeziehen kann, so ist es doch nicht übertrieben festzustellen, daß die Stadt ohne die spezifische, nicht zuletzt naturräumlich bedingte Gestalt seines umgebenden Territoriums historisch, wirtschaftlich und kulturell eine andere, sicher weit weniger bedeutende Entwicklung genommen hätte.

III. Kaiser und Hof

1. Kaiser- und Adelspaläste

Der Kaiserpalast war nicht nur privater und zeremonieller Sitz des Kaisers, sondern auch Sitz der kaiserlichen Reichsverwaltung, Ort der Münzprägung, des Staatsschatzes und der zentralen Gefängnisse. Er war somit Mittelpunkt und Schaltstelle eines ganzen Reiches oder kurzum – der Ort, von dem aus der Kaiser regierte. Kaiserpalast – in den Quellen «palation» oder «mega (groß) palation» genannt – meint nicht einen einzigen Baukörper (wie etwa der Palast des Kaisers Diokletian in Split), sondern ein ganzes Areal von rund 100 000 qm, das sich vom Platz vor der Hagia Sophia (dem Augustaion) nach Süden und Westen erstreckt. Charakteristisch sind die Hang- und Terrassenlage, die von 6 m am Marmarameer bis auf 32 m in Höhe des Hippodroms steigt, und die Verteilung der Bauten über sechs Höhenschichten hinweg (32 m, 26 m, 21 m, 16 m, 11 m und 6 m über dem Meeresniveau). Vom Gesamteindruck her ist die Anlage mit den Kaiserpalästen auf dem Palatin in Rom vergleichbar. Das Areal wurde in einer ständigen Bautätigkeit zwischen dem 4. und 10. Jahrhundert von Osten nach Westen fortschreitend erweitert, und erst im 11. und 12. Jahrhundert sind nur mehr sehr wenige Bauteile neu errichtet worden, während alte längst verfielen und damals auch nicht mehr renoviert wurden. Seit der zweiten Hälfte des 13. Jahrhunderts wurde dieser Palast nicht mehr benutzt (vielleicht mit Ausnahme der kaiserlichen Loge am Hippodrom), und das Areal nahm einen parkähnlichen Charakter an.

Der Kaiserpalast stellt neben der Hagia Sophia und dem Hippodrom den durch schriftliche Quellen am besten bekannten Gebäudekomplex dar. Unter den Zeugnissen ist an erster Stelle das in der Mitte des 10. Jahrhunderts von Kaiser Konstantin VII. erstellte Buch der Hofzeremonien *(Zeremonienbuch)* zu nennen, ergänzt durch Hinweise bei den Geschichtsschreibern und durch Reiseberichte. Trotzdem haben wir keine Möglichkeit einer archäologischen Rekonstruktion, da nahezu das gesamte Gebiet überbaut ist. Eine Rekonstruktion nach den schriftlichen Zeugnissen ist ebenfalls ausgeschlossen, da das Zeremonienbuch keine Beschreibung der Bauten in ihrer Abfolge bringt, sondern zeremoniellen Abläufen gewidmet ist und in diesem Zusammenhang allenfalls einzelne Bauten beschreibt. Die wenigen Ausgrabungen, die (besonders Ende des 19. Jahrhunderts/Anfang des 20. Jahrhunderts) in günstigen Momenten gemacht werden konnten, erbrachten Mauerzeilen, Substruktionen und, selten, Mosaikböden, die jedoch mit Gebäuden, die aus schriftlichen Quellen bekannt sind, nicht in wissenschaftlich gesicherter Weise in Verbindung gebracht werden können. Daher stellen auch alle Versuche, einen Musterplan des Hofareals zu entwerfen, letztlich architektonische Phantasien dar, die vielleicht in Teilbereichen, niemals aber im ganzen an die Wirklichkeit herankommen. Wir haben es mit etwa zwei Dutzend geschlossener Baukörper zu tun, die im Laufe der Jahrhunderte durch Höfe, Plätze und Gänge untereinander zu einem immer engeren und oft labyrinthartigen Konglomerat auf verschiedenen Ebenen verbunden worden waren. (Diagramm, hinterer Vorsatz) Es ist ausgeschlossen, an dieser Stelle auf alle Bauten einzugehen, vielmehr sollen nur einige Gebäude, die für das Hofleben eine besondere Bedeutung besaßen, hervorgehoben werden.

Den Eingang zum Hofbereich bildete ein wegen der bronzenen Dachschindeln als «Chalke» (griechisch *chalkos* – Erz, Bronze) bezeichnetes Gebäude am südlichen Ende des Augustaion. In seiner südlichen Fortsetzung und schwerlich weit davon entfernt lag die Magnaura *(magna aula)* – der vielleicht noch von Konstantin errichtete Empfangssaal, den wir uns ähnlich der Trierer Basilika vorstellen dürfen. Darin stand ein auf Stufen errichteter Thron, der mit hydraulischen Pressen gehoben werden konnte und umgeben war von mechanischen Löwen, die brüllten, und Vögeln, die zwitscherten, wie wir aus der Beschreibung des Liutprand von Cremona erfahren. Wenn der Kaiser an Manifestationen im Hippodrom teilnahm, saß er auf

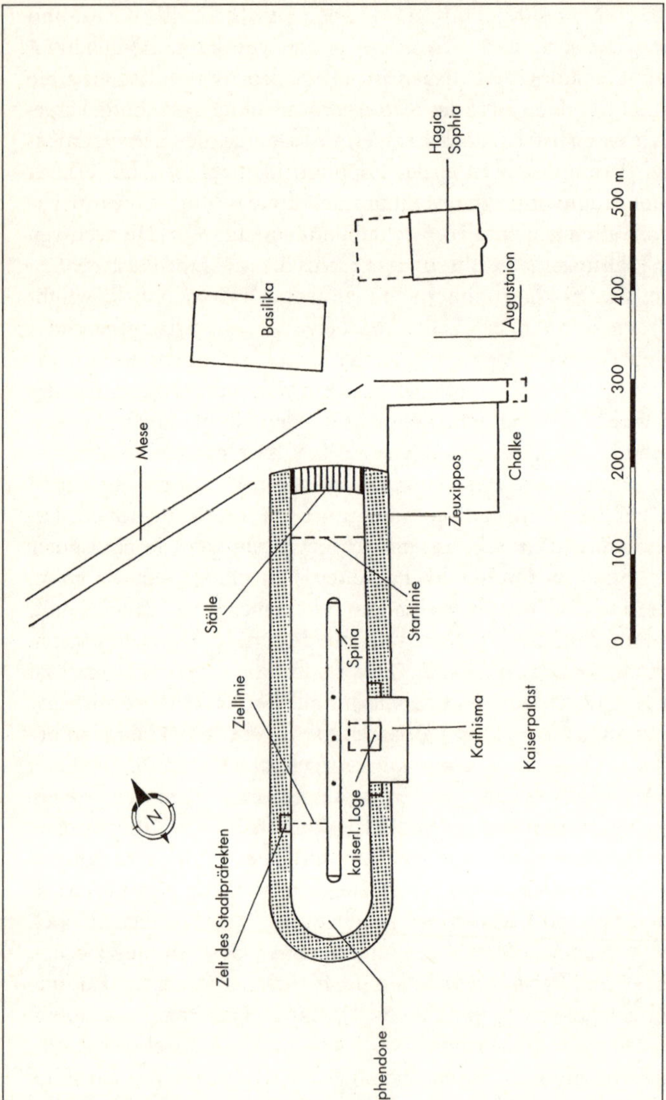

Abb. 5: Hippodrom (nach Dagron)

dem *Kathisma* («Sitz»-Platz) – einer mit Gebäuden des Kaiserpalastes verbundenen Loge, deren Aussehen uns ein Relief auf
dem Theodosios-Obelisken im Hippodrom bis heute erhalten
hat. Die genaue Lage des *Kathisma* war in der Forschung längere Zeit umstritten, doch kann es nun als erwiesen gelten, daß es
sich am unteren Drittel des Hippodroms befand (Abb. 5). Der
wohl prunkvollste Repräsentationsraum des Palastes war der in
der zweiten Hälfte des 6. Jahrhunderts errichtete und in der zweiten Hälfte des 9. Jahrhunderts prachtvoll ausgeschmückte «Goldene *Triklinos*», ein kuppelüberwölbtes Oktogon (als Raum für
Festbankette) im Südwesten des Areals – nicht weit entfernt von
den heute noch erhaltenen Resten des Leuchtturmes. Dort war
ebenfalls ein Thron aufgestellt. Der Raum wurde von einem im-
mensen Lüster erhellt und war mit wertvollen Objekten ausgestattet. Nicht weit vom *Kathisma* entfernt befand sich der
«Raum der 19 Liegen», wo offizielle Essen an hohen Festtagen
abgehalten wurden, besonders an Weihnachten, und der mit Liegen nach antiker Art ausgestattet war. Veranstaltungen für einen
größeren Hofkreis fanden im «überdeckten Hippodrom» statt.

Auf dem Areal finden sich zudem verschiedene freistehende
oder in Bauten inkorporierte Kirchen, unter denen zwei besonders hervorzuheben sind: die von Kaiser Basileios I. im Jahr
876/77 errichtete und Christus geweihte «Neue» Kirche (*Nea*),
die noch Ende des 14. Jahrhunderts erwähnt wird, als die Bauten der Umgebung schon längst verfallen waren. Von größerer
Bedeutung war die «Muttergotteskirche am Leuchtturm» – um
864 aus einem älteren Baukörper zur frühesten Kreuzkuppel-
kirche der Stadt umgebaut und mit einem Bildprogramm versehen. Sie war mit den wertvollsten Reliquien ausgestattet und
wurde zur eigentlichen «Hofkapelle».

Die frühesten Hofanlagen, zumindest im Planungskonzept,
gehen auf Konstantin den Großen zurück und wurden im 4. und
5. Jahrhundert errichtet: die Chalke, die Magnaura mit den umgebenden Bauten für die Militärgarden und (vielleicht) eine
Christus geweihte Kirche, darüber hinaus im Westen, am Hippodrom, die nach einer bestimmten Skulptur als Daphne-Palast
bezeichneten kaiserlichen Wohnräume, die mit dem *Kathisma* in

Verbindung standen und heute von der Sultan Ahmed-Moschee überdeckt sind. Auch ein weiterer Empfangs- und Beratungsraum, das Konsistorium, befand sich in der Nähe. Justinian hat nach den Zerstörungen des Nika-Aufstandes (532) diese Bauten erneuert und erweitert. Zur selben Zeit könnte auch eine vor fünfzig Jahren wiederentdeckte Apsidenhalle mit Peristylhof errichtet worden sein, die heute Teil des «Mosaikenmuseums» ist.

In der zweiten Hälfte des 6. Jahrhunderts verschob sich der Schwerpunkt der Bautätigkeit weiter nach Westen. Der Chrysotriklinos-Palast, unter Justin II. (565–578) begonnen (S. 55), wurde zum Mittelpunkt eines neuen Palastbereichs, den besonders Kaiser Theophilos (829–842) luxuriös ausgestaltete, wobei er sich auch der Imitation arabischer Bauelemente bediente. In der zweiten Hälfte desselben Jahrhunderts erwies sich Basileios I. als großer Bauherr. Der bis dahin erreichte bauliche Zustand ist im Zeremonienbuch seines Enkels, Konstantins VII., festgehalten.

Einen großen Einschnitt, der für die späteren Jahrhunderte folgenreich ist, brachte die kurze Regierungszeit des Kaisers Nikephoros I. (963–969). Er ließ den westlichen Palastbereich, im wesentlichen jene Teile, die nach Justinian errichtet wurden, mit einer Mauer umgeben, die in Teilen noch heute sichtbar oder nachweisbar ist. Es geschah, wie ein Geschichtsschreiber sagt, aus Furcht vor Anschlägen, während in der Meinung des Volkes der Palast zu einer «Akropolis des Tyrannen» (d. h. des Nikephoros) geworden war. Schon am Ende des Jahrhunderts wurde dieses umgrenzte Areal als Bukoleonpalast bezeichnet. Seit alters befand sich dort unterhalb der Seemauer ein Hafen, von dem eine Treppe zu einem vielleicht im 5. Jahrhundert erbauten Palast führte. Den Namen erhielt er nicht von der Statue eines Rindes mit Löwenkopf (wie meist zu lesen ist), sondern er bezieht sich eher auf ein verballhorntes *baukaleon* (= phialē/ Springbrunnen), wie der kleine, künstliche Hafen (wegen einer solchen Anlage) genannt wurde. (C. Mango) Dieser nunmehr wehrhaft befestigte Teil des Areals entwickelte sich immer mehr zum zentralen Bereich, während die außerhalb liegenden Bauten (errichtet überwiegend in der Zeit zwischen Konstantin und Ju-

stinian) nur mehr gelegentlich genutzt wurden und am Ende des
12. Jahrhunderts zur Entnahme von Bauteilen dienten. Im neuen
Teil wurde ein Seepalast ausgebaut und erhielt wohl seine bis
heute erhaltene Loggia. Kaiser Manuel I. (1143–1180) ließ dort
auch auf einem älteren Palast ein luxuriöses Gebäude mit orien-
talisch anmutendem Schmuck errichten, das auch als «persisches
Haus» *(persikos domos* oder *Machrutas)* bezeichnet wurde.

Auch der Blachernenpalast, der an der Nordwestecke der
Stadt in den beiden letzten Jahrzehnten des 11. Jahrhunderts errichtet und im Verlauf des 12. Jahrhunderts weiter ausgebaut
wurde, um fortan auch als Wohnbereich der Kaiser zu dienen
(vgl. oben S. 35), war kein einzelner Bau, sondern eine Palastan-
lage, die den Kaisern Alexios I. (1081–1118) und Manuel I.
(1143–1180) als Wohn- und Empfangsgebäude diente. Wir besitzen darüber weit weniger Informationen als über den alten
Palast, da ein dem Zeremonienbuch des 10. Jahrhunderts in gewissem Sinn vergleichbarer Text aus dem 14. Jahrhundert nicht
einmal Bauten nennt, geschweige denn beschreibt. Eine knappe,
aber eindringliche Schilderung gibt der französische Kreuzzugs-
historiker Odo von Deuil, der 1147 König Ludwig VII. begleitete: «Dort ist ein Palast, Blacherna genannt, zwar in einer nied-
rigen Position errichtet, doch ragt er heraus durch seine im Aufwand und künstlerischer Gestaltung anmutige Höhe und erlaubt denen, die ihn bewohnen, auf Grund seiner dreifachen
Grenzlage ein dreifaches Vergnügen: Der Palast erblickt in unterschiedlicher Sicht das Meer, das Land und die Stadt. Seine
Außenanlage ist von nahezu unvergleichlicher Schönheit, das
innere aber übertrifft diese noch. Es ist auf allen Seiten mit Gold
und unterschiedlichen Farben ausgestattet, und die Fläche ist
ausgelegt mit Marmor in überlegter Kunstfertigkeit.» Der spanisch-jüdische Reisende Benjamin von Tudela, der 1161/63 in
Konstantinopel weilte, ergänzt, daß Kaiser Manuel Fresken mit
historischen Darstellungen von Kriegszügen hatte anbringen
lassen. Im 15. Jahrhundert war auch dieser Palast ein Spiegel-
bild der Situation der Stadt und des Reiches, wie der spanische
Reisende Pero Tafur 1437 feststellt: «Der Palast des Kaisers
muß einmal ganz prächtig gewesen sein, jetzt aber ist er in einem

solchen Zustand, daß beide, er und die Stadt, die ganze üble
Lage zeigen, die das Volk erfährt». Ähnlich wie einst die Marienkirche am Leuchtturm diente nun die «Muttergotteskirche in
den Blachernen» bis zum Brand von 1434 als Hofkirche.

Aus den schriftlichen Quellen, kaum von archäologischen
Funden unterstützt, wissen wir, daß verschiedene byzantinische
Kaiser auch Privatpaläste in der Stadt besaßen. Ihre Lage ist
meist nur ungefähr bekannt, und Einzelheiten sind nur aus-
nahmsweise überliefert, wie etwa bei dem von Kaiser Basileios I.
(867–886) errichteten «Manganenpalast» – an der Ostseite des
Ufers zum Marmarameer unterhalb der Akropolis gelegen –,
benannt nach dem in der Nähe befindlichen Lager für Kriegs-
material (*manganeia*). Von ihm sagt die Historikerin Anna
Komnene, daß er fünf Stockwerke hoch war und zu den schön-
sten Gebäuden zählte. Reste von Substruktionen sind noch erhalten. Dasselbe gilt für einen Palast des Kaisers Romanos La-
kapenos (920–944) am Nordabhang zum Lykos-Tal, verbunden
mit der auch heute noch erhaltenen Myrelaion-Kirche. Romanos besaß diesen Palast vermutlich schon, ehe er durch Usurpa-
tion an die Macht kam.

Wie jener, so hatten auch andere große Familien Paläste an
bevorzugten Stellen der Stadt. Eine lateinische Stadtbeschreibung aus der 1. Hälfte des 5. Jahrhunderts (die sogenannte *Notitia urbis Constantinopolitanae*) erwähnt einige Dutzend Privathäuser großer Familien. Die aus dem 5. Jahrhundert stam-
menden Paläste der Oberhofkämmerer Antiochos und Lausos,
nahe der westlichen Längsseite des Hippodroms gelegen, sind in
ihren Fundamenten teilweise ausgegraben und verraten die Architektur spätantiker Luxusvillen. In Hanganlage zum Goldenen Horn (vielleicht westlich der heutigen Ankara Caddesi) gelegen, war der Botaneiates-Palast errichtet, der einer Familie
gehörte, die im 11. Jahrhundert auch einen Kaiser stellte. Als
die Genuesen im Jahre 1192 den Palast zum Geschenk erhielten, war er schon erheblich verfallen, doch läßt die detailreiche
Beschreibung noch deutlich den architektonischen und künstle-
rischen Luxus erkennen, den sich Familien der hohen Hofgesellschaft leisten konnten.

2. Die Präsenz des Kaisers in der Stadt

Während, von Feldzügen abgesehen, der Kaiser – im Gegensatz zu den Königen des Westens – von der seltenen persönlichen Kriegsführung abgesehen im Lande keine Reisen unternahm, war seine Präsenz in Konstantinopel protokollarisch geregelt. Das Volk von Konstantinopel konnte, unterschiedlich häufig in den verschiedenen Jahrhunderten, den Kaiser, die Kaiserin und die Hofwürdenträger aus mehr oder weniger großer Nähe (oder vielleicht besser: Entfernung) sehen. Bis ins 12. Jahrhundert waren es die regelmäßig im Hippodrom veranstalteten Wagenrennen, denen der Kaiser in seiner Loge, dem *Kathisma,* beiwohnte. Die Häufigkeit dieser Veranstaltungen nahm allerdings in den späteren Jahrhunderten ab; nach 1204 verschwanden sie ganz und wurden von anderen Spielen ersetzt, bei denen aber unsicher ist, ob der Kaiser regelmäßig zugegen war. Es mehrten sich seit dem 9./10. Jahrhundert die Gelegenheiten, daß der Kaiser anläßlich profaner und kirchlicher Zeremonien genau festgelegte Wegstrecken in der Stadt benutzte. Hierzu gehörten zunächst und von alters her die öffentliche Feier des Neujahrstages (nach dem byzantinischen Kalender am 1. September) und das Fest der Errichtung der Stadt am 11. Mai, wozu der Kaiser von seinem Palast aus die Mese entlang zum Konstantinsforum zog. Dieser (fast?) kreisrunde und von doppelgeschossigen Säulenhallen eingefaßte Platz (mit der Säule in der Mitte) war das politische Herz der Stadt (vgl. Abb. 1, S. 24). An der Nordseite befand sich das Gebäude des Senats, im Osten, vielleicht nicht unmittelbar angrenzend, das Praitorion, der Sitz des Stadteparchen. Mit einer Fläche von etwa 25–30 000 qm bot er hinreichend Platz für profane Feierlichkeiten.

Seit dem 6./7. Jahrhundert wurde der Kaiser – und damit auch die kaiserliche Familie und der gesamte Hofstaat – zudem immer mehr in das liturgische Leben der Kirche miteinbezogen und nahm in einer eigenen Prozession und mit eigenem Protokoll am Gottesdienst anläßlich hoher Kirchenfeste oder der Patronatsfeste bedeutender Kirchen der Stadt teil. Am häufigsten besuchte er die Hagia Sophia – «die Kirche, die für das gewöhnliche Volk bestimmt ist» –, wie ein arabischer Reisender des 10. Jahrhunderts sagt. Um dorthin zu gelangen, gab es mehrere Möglichkeiten: Durch das Torhaus der Chalke und über das Augustaion führte der kürzeste Weg, doch scheint auch ein Ausgang an der kaiserlichen Loge benutzt worden zu sein, so daß die Prozession durch den Hippodrom führte und von vielen Menschen betrachtet werden konnte. Als der Kaiser seit dem späten 11. Jahrhundert im Blachernenpalast wohnte, kam er zu Schiff zur Serailspitze und zog über die Akropolis zur Sophienkirche. Die Strecke, die der Kaiser ritt, war mit Matten ausgelegt, auf die wohlriechende Blumen gestreut waren. Der burgundische Reisende Bertrandon de la Brocquière (1433) wartete den ganzen Tag lang, ohne zu essen und zu trinken, bis er am Abend die kaiserliche Familie aus der Nähe sehen konnte.

Festgelegt waren auch jene Stellen in der Hagia Sophia selbst, an denen der Kaiser sich während der Liturgie aufhalten mußte. Er konnte während des größten Teils der Liturgie gesehen werden, obwohl wir nicht wissen, wer aus dem Volk an solchen Festtagen wirklich die Kirche hat betreten dürfen. Da uns von einem russischen Pilger sogar eine Kaiserkrönung (im Jahre 1392) beschrieben ist, dürften die Restriktionen nicht besonders stark gewesen sein. Dank des Zeremonienbuches sind auch die kaiserlichen Prozessionswege in der Stadt bekannt und ebenso die Kirchenfeste, an denen der Kaiser im Rahmen eines solchen Festumzugs die verschiedenen Teile der Stadt besuchte. Er ging wohl überwiegend zu Fuß und trug eine Kerze in der Hand. Das Volk säumte die Straßen und sah von Fenstern und Balkonen auf die Vorbeiziehenden herab. Nicht immer war ein solcher Auszug für den Kaiser ungefährlich. So wurde Maurikios, als das Volk kurz vor seinem Sturz 602 in gereizter Stimmung war, auf dem Weg zur Blachernenkirche mit Steinen beworfen und mußte in ein Haus fliehen. Unabhängig von den Beschwernissen, welche die Hügellage und klimatischen Bedingungen mit sich brachten – etwa mitten im Winter, am 2. Februar zur Blachernenkirche zu ziehen – waren die Strecken sehr lang, nicht zuletzt, wenn man auch den Rückweg bedenkt: Zur Apostelkirche (am Pfingstmontag) waren es 4 km und zur Johannes-Kirche des Studiu-Klosters oder der Blachernenkirche bis zu 6 km. Man hat allerdings immer wieder «Pausen» eingelegt an bedeutenden Kirchen, an denen man vorbeizog. Zur Blachernenkirche (und wohl auch zur Studiu-Kirche) kam der Kaiser auch zu Schiff, die Mehrzahl der Hofleute – ebenso wie Patriarch und Klerus – mußten allerdings den Fußmarsch auf sich nehmen. Seit dem 12. Jahrhundert, mit dem Umzug ins Blachernenviertel, wurden die alten Prozessionswege kaum mehr begangen und für die Zeremonien in der Hagia Sophia benutzte man das Schiff, jedenfalls sofern es die Witterung zuließ. Da uns die Prozessionen allein aus Zeremonialtexten bekannt sind, können wir nur vermuten, ob die kaiserliche Präsenz, die liturgisch nicht notwendig war, auch in der Praxis immer regelmäßig gegeben war, wenngleich es für die Kaiserideologie wichtig war, daß sich der Herrscher öffentlich mit den Würdenträgern zeigte.

Ganz in der Tradition der römischen Kaiser lag der Triumphzug nach einem Sieg über Feinde, der auch dann dem Kaiser persönlich zufiel, wenn einer der Generäle die Armee angeführt hatte; von solchen Ereignissen sprechen die Quellen neunmal, und zwar in den Jahren 559, 831, 873, 878, 971, 1019, 1041, 1133 und 1167; doch haben solche Triumphzüge sicher öfter stattgefunden. In den feierlichen Empfang waren auch die Orte des Hinterlandes einbezogen, je nachdem ob der Sieg in Europa oder Asien errungen worden war. Der eigentliche Triumphzug, wie er uns protokollarisch beschrieben wird, begann jedoch erst am Goldenen Tor. Die 66 m breite Toranlage war von Kaiser Theodosios II. im Zuge der Ummauerung an jener Stelle errichtet worden, wo die Via Egnatia vom Westen her an die Stadt heranführte. Die dreitorige Anlage mit dem bronzevergoldeten Haupttor in der Mitte befand sich in herausragender Höhenlage und war weithin sichtbar: «Es leuchtet und glänzt und erstrahlt mehrere Li weit», heißt es in einem chinesischen Reisebericht. Neben der Hagia Sophia wurde es rasch zum Wahrzeichen der Stadt. Dort begann der Triumphzug des Kaisers, wie ihn in symbolisierter Form das Gunthertuch im Bamberger Dom zeigt. Das sonst geschlossene, vergoldete Mitteltor wurde für den Einzug geöffnet. Der Stadteparch hatte den langen Weg bis zur

Chalke mit Blumen und Seidenstoff «wie ein Brautgemach» schmücken lassen. Auf diese Weise wurde den Bewohnern und den Besuchern der Reichtum der Kaisermacht bildlich vor Augen geführt. Der Kaiser ritt, allen sichtbar, auf einem weißen Pferd. Ihm voraus wurde der kaiserliche Triumphwagen gezogen, auf dem aber nicht der triumphierende Kaiser Platz nahm, sondern der ein Bildnis der Gottesmutter führte, unter deren Schutz die Stadt stand. Die Strecke des Triumphzuges ist auch im heutigen Straßensystem weitgehend nachzuverfolgen und war etwa 6 km lang. Unter der (natürlich ganz hypothetischen) Voraussetzung, daß auf beiden Seiten der Straße je drei dicht gedrängte Reihen an Zuschauern hätten stehen können, ergibt sich (bei einer Standfläche von 0,5 qm pro Person) eine Zuschauerzahl von ca. 220 000 bis 250 000 Menschen, die den Kaiser, die Würdenträger und die Kriegsbeute, insbesondere aber die Kriegsgefangenen, sehen konnten.

3. Kaiserhof und Stadt: Die Außenwirkung

Der imperiale bauliche Gesamtcharakter Konstantinopels ist ganz dem Einfluß von Kaiser und Hof zu verdanken, wie dies auch für die kaiserlichen Residenzstädte des neuzeitlichen Europas der Fall ist, die allerdings diesem Einfluß eine wesentlich kürzere Zeit ausgesetzt waren als Konstantinopel. Der Glanz des Hofes hat – abgesehen von Kirchen und Stadtpalästen – freilich nur auf bestimmte, relativ wenige Teile der Stadt ausgestrahlt und nahm zumindest im Hinblick auf die Stadttopographie 1204 ein rapides Ende.

Diese so geprägten und in den Reiseberichten, aber auch in byzantinischen Texten immer wieder gerühmten Glanzstücke waren die Plätze *(Fora)*, die Straßen, die sie miteinander verbanden, das Goldene Tor und der Hippodrom. Vieles, was «dahinter» lag, hat sich von einer anderen Großstadt prinzipiell nicht zu sehr unterschieden, wie die etwas feindseligen, aber nicht ganz unkritischen Bemerkungen des Kreuzzugshistorikers Odo von Deuil (1147) belegen: «Die Stadt selbst ist schmutzig und stinkend, und manche Stellen sind ständig dunkel, weil der

Reichtum die Straßen mit Bauten überschattet und diese finste-
ren und schmutzigen Plätze den Armen und den Reisenden
überläßt».

Der Reisende, wenn er vom Westen her kam, sah nicht nur
die glänzenden Portale des Goldenen Tores – wenngleich er
selbst bescheidene Seiteneingänge benutzen mußte –, sondern
auch eine Gruppe von vier bronzenen Elefanten mit einem Trei-
ber, von denen allerdings 1203 nur mehr zwei vorhanden waren, welche die Eroberung im folgenden Jahr nicht überdauer-
ten. Die Hauptstraßen, über welche die Prozessionen zogen,
waren gepflastert, und soweit sie im Bereich der *Fora* lagen, mit
Porticus (überdachten Gängen) versehen, durch die sich bei
schlechtem Wetter auch die Prozessionen bewegten. Dies alles
erforderte enorme Unterhaltskosten, die in der späteren Zeit
nicht mehr aufgebracht werden konnten. Die *Fora* und der Hippodrom waren gewissermaßen Freilichtmuseen antiker Skulp-
turenkunst. Zur Verdeutlichung sei eine summarische Aufzäh-
lung der Standbilder im Bereich des Konstantinsforums gegeben: eine Bronzestatue der Athena, ein Standbild der Thetis,
Artemis und Aphrodite (vor dem Senat), Paris – wie er Aphrodite den Apfel reicht –, eine Herastatue, zwölf Porphyrsäulen
mit vergoldeten Sirenen und Fabeltieren, ein Elefant (neben
dem Athenastandbild), ein nicht näher bezeichnetes «nacktes
Standbild» (das in der Volksmeinung die Schamlosigkeit der
Käufer und Verkäufer darstellte), die Statuen von Konstantin
und Helena, von Niken flankiert. Gefunden hat man von all
dem Reichtum nur einen marmornen Delphin. Noch wesentlich
stärker war der Hippodrom von Statuenschmuck bestimmt, der
vielfach auf den Standort bezogen war: wilde Tiere, mehrfach
Herakles mit verschiedenen Szenen seiner Heldentaten, die Wa-
genlenkerstatuen und eine ganze Reihe von Standbildern spätantiker und frühbyzantinischer Kaiser, während die Quadriga,
die die Venezianer in ihre Heimatstadt transportierten, wohl
eher neben dem Hippodrom außerhalb aufgestellt war. Die
«Stadtgeschichten» *(Patria)* und auch andere Texte bieten uns
noch die Namen von Hunderten von Skulpturen, die auf anderen Straßen und Plätzen standen oder auch als Gebäudeschmuck

angebracht waren, doch waren viele von ihnen schon vor dem
Jahr 1204 verschwunden. In Verbindung mit dem Marmor-
schmuck der großen Anlagen machte Konstantinopel in diesen
Teilen den Eindruck einer erhalten gebliebenen antiken Stadt;
sie war die Imitation Roms. Unter diesem ideologischen Aspekt
hatten die Kaiser die bauliche Ausgestaltung der gesamten Stadt,
nicht nur des Palastbereiches durchgeführt. Diese antike Planung (neben einer gleichzeitigen christlichen) war das Werk der
Kaiser bis ins 6. Jahrhundert. Später war es auch nicht mehr
möglich, Kunstwerke und Bauteile aus dem gesamten Mittel-
meerraum nach Konstantinopel zu transportieren. Ein früher
Text, der bis ins 10. Jahrhundert immer wieder überliefert wurde und auf die Mitte des 4. Jahrhunderts zu datieren ist, schildert anschaulich, wie eine solche «Lieferung» aussah und wie
ein betreffendes Objekt zunächst gelagert wurde: «Bei der großen Kirche, die jetzt Hagia Sophia heißt, standen 427 Standbilder, die meisten davon heidnisch; unter diesen vielen waren die
des Zeus, des Karos, des Vorfahren Diokletians, der Tierkreis,
Selene und Aphrodite, der Stern Arktur und die Priesterin Athe-
ne, die dem Philosophen Heron weissagte». Die Kaiser haben
bewußt die Kunst der Antike gezeigt, und auch in den späteren
Jahrhunderten nahm an den Darstellungen heidnischer Götter
und Helden niemand in Konstantinopel ernsthaft Anstoß. Wie-
weit die Inhalte der Werke von der großen Menge noch verstanden und als solche bewußt wahrgenommen wurden, ist eine
ganz andere Frage. Dank dieser Schaustücke war auch in der
Stadt, für alle sichtbar, das römische (rhomaische) Kaisertum,
das die Staatsideologie forderte, präsent.

Aber nicht nur das Aussehen der Stadt, auch das innere Leben wurde in verschiedenerlei Hinsicht von den Bedürfnissen
des Hofes bestimmt. Davon ist zwar in späteren Kapiteln noch
ausführlicher zu berichten, doch sollen einige allgemeingültige
Überlegungen bereits hier vorgestellt werden: Der sprichwört-
liche, aber auch tatsächliche Reichtum der Stadt, der in unterschiedlicher Weise allen Schichten zugute kam, war durch die
Erfordernisse der Hofhaltung bedingt. Um Unruhen in der Bevölkerung zu vermeiden, war es wichtig, eine ausreichende Ver-

sorgung zu gewährleisten. Immer wieder liest man in Briefen aus anderen Orten, wie die Bewohner Konstantinopels beneidet wurden, weil es ihnen an nichts mangelte und ihre Speisen abwechslungsreich waren. Die vielfältigen kleineren Dienstleistungen für den Hof und eine konstante Bautätigkeit haben für Arbeit in breiten Schichten gesorgt. Die Mauern der Stadt boten den Bewohnern Konstantinopels zudem weit mehr Sicherheit als den Menschen an anderen Orten des Reiches. Die Spiele im Hippodrom, die Prozessionen, die Anwesenheit vieler Fremder belebten den Alltag der Stadtbewohner. Die Rechtsvorschriften für den Eparchen (das sogenannte Eparchenbuch) nennen eine Reihe von Luxushandwerken, besonders im Bereich der Metall- und Stoffverarbeitung (darunter wiederum besonders der Seidenweberei), die überwiegend von Aufträgen des Hofes lebten. In welchem Umfang der Kaiserpalast selbst über Handwerksbetriebe verfügte, bleibt weitgehend unbekannt. Der Eigenbedarf des Hofes, etwa für die Innenausstattung der Räume oder die Geschenke für Gäste, konnte aber ohne Mitwirken des städtischen Handwerks schwerlich gedeckt werden. Wertvolle, vom Kaiser in Auftrag gegebene Handschriften sind von Mönchen kopiert oder mit Miniaturen versehen worden und daher in den Klöstern der Stadt entstanden. Staatsgäste haben für ihren persönlichen Bedarf Luxusprodukte eingekauft, wie das Beispiel des Gesandten Ottos I., Liutprand von Cremona, zeigt, dem die wertvollen Waren an der Grenze vom Zoll allerdings wieder abgenommen wurden.

Wenngleich topographisch und gesellschaftlich Stadt und Hof voneinander abgegrenzt waren, ist die städtische Entwicklung in allen Bereichen stark vom Kaiser (als Institution) bestimmt, während umgekehrt das städtische Leben nur recht selten, in Zeiten sozialer oder politischer Unruhen, mit dem abgeschirmten Bereich des Hofes in Berührung kam.

IV. Stadtvolk und städtische Gesellschaft

I. Funktion und Gliederung

«Die Stadt – ich verstehe darunter jedes Geschlecht, jede soziale Stellung, jedes Alter …» So charakterisiert treffend der byzantinische Literat und Staatsmann Michael Psellos im 11. Jahrhundert die Bevölkerung Konstantinopels. Der Verlust der großen Städte der östlichen Spätantike, Alexandreia und Antiocheia, im 7. Jahrhundert und der Niedergang vieler kleiner Städte im Balkanraum und in Kleinasien hat nicht nur zum Aufstieg Konstantinopels beigetragen, sondern auch die politische Bedeutung seiner Bewohner gefestigt. Der Konstantinopolitaner besaß eine soziale Identität, die ihn, wie sich ein Autor des 12. Jahrhunderts ausdrückt, von den Zuwanderern unterschied, die sich erst durch eine lange Ansässigkeit in der Stadt den dort Geborenen annähern. Diese Selbsteinschätzung des Stadtvolkes lag primär darin begründet, daß ihm eine mehr oder weniger entscheidende Rolle bei Wahl und Abwahl des Kaisers zukam. Da das byzantinische Kaisertum staatsrechtlich nie eine Erbmonarchie darstellte, sondern formal immer der Zustimmung der Wahlgruppen, darunter eben auch des Stadtvolks, bedurfte, war sich dieses stets seiner rechtlichen und sehr häufig auch tatsächlichen Bedeutung wohl bewußt: Es handelte stellvertretend für das Volk des gesamten Reiches. Schon im späten 11. Jahrhundert, besonders häufig aber im 14. Jahrhundert, nahm das Volk auch an Versammlungen teil, die der Kaiser ins Hippodrom einberief, um über wichtige staatspolitische Maßnahmen (meist steuerlicher Art) oder andere Angelegenheiten zu informieren. Auch wenn diese «Volksversammlungen» kein Beschlußrecht hatten, das immer allein dem Kaiser vorbehalten blieb, so stärkten sie doch Bedeutung und Selbstbewußtsein des städtischen Volkes.

Es läßt sich schwer genau bestimmen, was mit «Stadtvolk» in Konstantinopel gemeint war: Zunächst waren es alle Bewohner

– ausgenommen Kaiser und kaiserliche Familie. So sieht es auch Michael Psellos. In Wirklichkeit aber sind Differenzierungen notwendig: Einer breiten Unterschicht aus Tagelöhnern und Lohnarbeitern folgte eine Mittelschicht aus Handwerkern, Handeltreibenden, aber auch vielen «Bürokräften», die die Hofverwaltung benötigte. Zur Oberschicht, die wir keineswegs mit westlichem Stadtpatriarchat gleichsetzen (oder auch nur vergleichen) dürfen, gehörten reiche Geschäftsleute, Hofbeamte und Hofwürdenträger, aber auch – in späteren Jahrhunderten mit den letztgenannten meist identisch – die in Konstantinopel ansässigen reichen Großgrundbesitzer und Angehörigen der bedeutenden Familien, die wir auch als «Adel» bezeichnen können. Sie verließen, vor allem im 11. und 12. Jahrhundert, ihre Sitze auf dem Land und siedelten sich in der Stadt an. Aber diese Dreiteilung war in Konstantinopel von der sozialen Zusammensetzung her alles andere als stabil. Die städtische Gesellschaft war von extremer Mobilität gekennzeichnet, die nicht nur mit dem Prinzip des Wahlkaisertums, sondern auch mit den flexiblen Aufstiegsmöglichkeiten zu tun hatte, bei denen Bildung und persönliche Tüchtigkeit es ermöglichten, Herkunft aus einfachen Schichten vergessen zu machen. Dafür zwei Beispiele: Kaiser Basileios I. war als Sohn kleiner Bauern dank seiner körperlichen Fähigkeiten im Hofkreise aufgenommen worden und – freilich nicht ohne einen Mord auf dem Gewissen zu haben – zur Kaiserwürde gelangt. Und der Vater Kaiser Michaels V. (1042) war ursprünglich mit dem Bau von Schiffen in einem der Häfen Konstantinopels beschäftigt.

Ein Wechsel im Kaiserhaus, vor allem wenn er mit einem Aufstand verbunden war, führte zu einem Personalaustausch im Hofapparat und den damit in Verbindung stehenden Abhängigkeiten in den unteren Schichten. Wer so zu sozialem (und wirtschaftlichem) Abstieg gezwungen war, gehörte zu den Unzufriedenen in der Gesellschaft, die folglich einen ständigen Unruhefaktor und eine Bedrohung für den regierenden Kaiser darstellten.

Da die topographische Einteilung der Stadt in «Regionen» und «Geitonien» (Nachbarschaftsbezirke) nicht auf sozialen

Strukturen beruhte, hat die ältere Forschung über lange Zeit versucht, eine Gliederung der Stadtbewohner in «Demen» – gemeindeartige Gruppierungen –, wie dies ähnlich im antiken Athen der Fall war, und ihre Verbindung mit den «Parteien» im Zirkus nachzuweisen. Auch wollte sie die Demen mit sozialen Schichten in Verbindung bringen und sie in bestimmten Gegenden der Stadt lokalisieren. «Demen» in diesem Sinn sind jedoch für Konstantinopel von der jüngsten Forschung als Phantasiegebilde entlarvt worden. Tatsache freilich bleibt, daß die Zirkusparteien und ihre – sozial nicht festgelegten – Anhänger, die als «Demen» bezeichnet werden, vor allem im spätantiken und frühbyzantinischen Konstantinopel das Volk zu Aufständen aufgehetzt haben.

2. Aufstände des Volkes

Die Schichtung des Volkes hat Unruhen geradezu provoziert und es Kräften von außen erleichtert, das Volk in ihrem Sinne zu mobilisieren und zu manipulieren. Mit besonderer Häufigkeit begegnet man solchen Unruhen, die immer mit politischen, kaum aber wirtschaftlichen Faktoren in Zusammenhang standen, zwischen dem 5. und dem 7. Jahrhundert, als sie von den mächtigen Gruppierungen, welche die Wagenrennen im Hippodrom organisierten, den sogenannten Zirkusparteien, angefacht und geleitet wurden. Erst als angesichts äußerer Bedrohungen des Reiches – etwa durch Awaren, Araber, Bulgaren – der politische Einfluß dieser Parteien zurückgedrängt wurde (mit den im einzelnen komplizierten Hintergründen kann sich diese Darstellung nicht auseinandersetzen), nahmen auch die Volksaufstände ab. Der «klassische» Aufstand ist unter der Bezeichnung «Nika-Aufstand» (vom Schlachtruf «nika» – «siege» abgeleitet) exemplarisch in die Geschichte eingegangen. Seine besondere Gefährlichkeit lag darin, daß sich die beiden großen Zirkusgruppierungen, die im allgemeinen unterschiedliche politische Ziele verfolgten, auf eine gemeinsame Linie gegen Kaiser Justinian und seine Finanzpolitik geeinigt hatten. Der Aufstand, der sich über neun Tage hinzog (11. bis 19. Januar 532) und, wovon bereits die Rede war, eine Vielzahl an Bauwerken zerstörte, wurde erst durch Gewaltmaßnahmen der kaiserlichen Truppen beendet.

Doch auch in späteren Jahrhunderten, als die Zirkusparteien keine politische Macht mehr besaßen, erwiesen sich Aufstände als besonders gefährlich (gelegentlich auch erfolgreich), wenn sie von möglichst allen Schichten des Stadtvolkes getragen wurden. Wir wählen als Beispiel einen Aufstand im Jahr 1042, der die Wiedereinsetzung der legitimen Kaiserin Zoe zum Ziel hatte – und dies auch erreichte: «Kaum hatte sich die Nachricht von der Veränderung der Lage überall verbreitet, da konnte man die ganze Stadt in Bestürzung sehen. Und schon einen Tag später redeten alle frei heraus, nicht nur die Beamten und Würdenträger, nicht nur der Klerus, sondern sogar Familienmitglieder des Kaisers und Höflinge. Und die Leute in Handel und Gewerbe rüsteten zum großen Schlag. Selbst die Fremden in der Stadt und die vom Kaiser angeworbenen Söldner … ließen ihrem Zorn freien Lauf … Die Leute von der Straße waren bereits außer Rand und Band und bereiteten sich darauf vor, ihre eigene Tyrannis der Tyrannis des Kaisers entgegenzusetzen» (Michael Psellos). An den Zerstörungen, die auch dieser Aufstand nach sich zog, waren alle Schichten beteiligt: «… nicht nur erwachsene junge Männer und Leute gereiften Alters, sondern auch Kinder beiderlei Geschlechts. Der erste Ansturm (gegen die Paläste der Mitglieder der Familie des Kaisers) war ein voller Erfolg, und die Plünderer schleppten weg, was ihnen in die Hände fiel, und verkauften es auf dem Markt» (ibid.). Aufstände konnten aber auch eher persönliche Hintergründe haben. Im Jahre 1202 wurde ein reicher Kaufmann wegen Steuerhinterziehung festgenommen: «Am Abend erfuhren die Leute vom Markt die Festnahme. In der Frühe scharten sie sich haufenweise zusammen und zogen zur Großen Kirche (Hagia Sophia)». Sie zwangen den Patriarchen, durch ein Schreiben den Kaiser zu veranlassen, daß der Kaufmann unbehelligt aus dem Gefängnis freikam: Ein kleiner Aufstand, ohne Blutvergießen, der aber Mittel und Möglichkeiten des Stadtvolkes in einer allerdings ohnehin chaotischen Zeit zeigt.

3. Soldaten in Konstantinopel

Soldaten spielen im sozialgeschichtlichen Rahmen der Stadt keine wichtige Rolle. Sie waren nötig zur Verteidigung der Stadtmauern, zur Bewachung der Gefängnisse – am Amtssitz des Stadteparchen, dem Praitorion, und mehrere im Bereich der Kaiserpaläste – und zum Schutz des Kaiserpalastes. Dieser war Spezialtruppen anvertraut, die ihren Sitz in der Umgebung des Palasttores, der Chalke, hatten und seit dem späten 10. Jahrhundert aus Söldnern aus Rußland und den nordischen Ländern, später auch aus England rekrutiert wurden, der sogenannten Warägergarde. Der Großteil der kaiserlichen Elitetruppen war in der Umgebung der Hauptstadt stationiert, um Kontaktaufnahme mit der Stadtbevölkerung zu vermeiden.

4. Demographische Tendenzen

Kaum eine Frage ist im Rahmen der Stadtgeschichte Konstantinopels so oft, so kontrovers und im Ergebnis so unterschiedlich behandelt worden wie die nach den Einwohnerzahlen. Einhelligkeit besteht allein darin, daß sie in den einzelnen Jahrhunderten starken Schwankungen unterworfen war und daß mangels zuverlässiger Meßzahlen keine methodisch wirklich befriedigenden Resultate möglich sind.

Im Jahr 400 nennt Johannes Chrysostomos als Bewohner der Stadt 100 000 Christen und 50 000 Arme, wie immer man diese seltsame Aneinanderreihung der Angaben auch interpretieren mag. Ein chinesischer Reisebericht des 7. Jahrhunderts spricht von 100 000 Haushalten. Ein Haushalt war in Byzanz eine Steuereinheit, doch haben wir keinen Hinweis, wie viele Personen man für einen Haushalt annehmen soll. Ein Multiplikationsfaktor von 4 bis 5, wie im spätmittelalterlichen Westeuropa, erscheint zu hoch, auch wenn im 7. Jahrhundert wegen der Angriffe der Perser und Awaren und später der Araber viele Bewohner des Umlandes innerhalb der Mauern Zuflucht gesucht haben. Hat man diese «vorübergehenden» Bewohner aber seinerzeit wirklich mitgezählt – und gar als Haushalte erfaßt?

Alle Versuche, mit Hilfe von Angaben über den Getreideverbrauch Einwohnerzahlen zu ermitteln, scheitern, weil sie Gleichungen mit mehreren Unbekannten bleiben. Etwas plausibler sind Überlegungen auf der Basis von Topographie und Archäologie. Sie erlauben immerhin Tendenzen festzustellen – und zwar zwei ansteigende Phasen zwischen Konstantin und Theodosios (II.) und weiterhin bis zur Herrschaft Justinians (527–565). Die Pest in den 50er Jahren des 6. Jahrhunderts hat die Zahl der Bewohner wieder stark reduziert, aber die feindlichen Invasionen im Umland in den folgenden Jahrhunderten ließen sie wohl wieder etwas ansteigen. Wir wissen von dicht bewohnten Vierteln, vor allem entlang des Goldenen Horns (bis auf die Höhe der Mese), aber ebenso von freien Flächen zum Marmarameer hin. Die vielen großen Plätze sind ebenfalls in den unbebauten Raum miteinzubeziehen. Die meisten Freiflächen aber bot der Bereich zwischen der Konstantinischen und Theodosianischen Mauer. Vermutungen über die Höhe der Bauten gehen angesichts ganz weniger literarischer Stellen weit auseinander. Es hat wohl fünfstöckige Wohnhäuser gegeben, aber die Regel waren sie nicht. Aus lateinischen Vertragsdokumenten für italienische Händler des 12. Jahrhunderts läßt sich im allgemeinen auf das Erdgeschoß und ein Stockwerk darüber schließen. Allein für das 15. Jahrhundert besitzt man stärker konvergierende Angaben, die auf 30–50 000 Einwohner der Stadt schließen lassen.

Den großen Einschnitt stellt auch in diesem Kontext das Jahr 1204 dar. Die Wiederbesiedlung in osmanischer Zeit erlaubt keine Rückschlüsse, da Haustyp und Wohnweise ganz andere waren. Die Forschung hat die Einwohnerzahlen im allgemeinen zu hoch angesetzt. Vorsichtig abwägende Überlegungen (David Jacoby) führen zu folgenden Schätzzahlen: 1) beim Tod Konstantins (336) 90 000, 2) unter Theodosios II. (408–450) 190 000, 3) vor Beginn der großen Pest (541) 375 000, 4) im 12. Jahrhundert 400 000. Demnach erreichte die Stadt nie eine halbe Million Einwohner, geschweige denn eine Million, wie in alten Publikationen, die immer wieder zitiert werden, zu lesen ist.

5. Spiele und Feste   1/

Wagenrennen. Der Hippodrom, von Septimius Severus – nach
der Zerstörung von Byzantion (195 n. Chr.) begonnen und von
Konstantin zu Ende geführt – ist nicht nur das einzige römische
Bauwerk, das die Zeiten überstanden hat, sondern zudem das
einzige, das auch in seiner Funktion als Spielstätte bis in die osmanische Zeit genutzt wurde (s. Abb. 5, S. 54). Da nur die Run-
dung im Südwesten – sie wird als *sphendone* (Wölbung) bezeichnet – heute noch voll erhalten ist, während die Zuschauer-
ränge und die Pferdeställe im Nordosten abgetragen wurden
oder unter späteren Bauten unzugänglich liegen, sind verschiedene Baumaße im einzelnen weiterhin fraglich: Die Länge der
Spielfläche beträgt (je nach der archäologischen Interpretation)
zwischen 430 und 450 m, die Breite 79,5 m, unter Einbeziehung
der beiderseitigen Tribünen 123,5 m. Die Breite der Stufen (von
denen einige gefunden wurden) beläuft sich auf 21,5 bis 22,5 cm.
Die Anzahl der Sitzreihen wird zwischen 15 und 20 geschätzt
und dementsprechend ist auch die maximale Zuschauerzahl –
vielleicht 50000 – offen. Die beiden Hälften der Rennstrecke
wurden hier wie in anderen Hippodromen der römischen Welt
durch ein Mauerwerk voneinander getrennt, das 6 bis 8 m im
Durchmesser, eine Höhe von etwa 2 m und eine Länge von bis
zu 280 m aufwies. Es wurde als *Spina* (Rückgrat), griechisch
euripos (die schnell fließende Strömung zwischen der Insel
Euboia und dem Festland) bezeichnet. Auf ihm waren die zahlreichen antiken Skulpturen und Statuen der Wagenlenker aufgestellt, von denen bereits die Rede war. Archäologische Reste
der Mauerung haben sich bis heute nicht gefunden.

Die Organisation der Wagenrennen lag in Händen von vier
konkurrierenden «Vereinen», welche die Bezeichnung Partei
(*factio*) trugen: die Grünen, Blauen, Weißen, Roten, von denen
die beiden letzteren in Konstantinopel keine politische Bedeutung hatten. Die Parteien sorgten für die Finanzierung und die
technische Durchführung der Wettkämpfe und hatten «Mitglieder», die Beiträge leisteten; im Jahr 602 etwa – eine der
ganz seltenen Zahlenangaben – gab es 1500 «Grüne» und

1/ Im Plan: = Sept. Severus : 9.4.193 – 4.2.211

900 «Blaue». In nachjustinianischer Zeit wurde die «Parteien-struktur» zunehmend aufgelöst und die Finanzierung wohl vom Staat übernommen, so daß den Blauen und den Grünen nur mehr eine zeremonielle Bedeutung blieb, die sich dann im Zere-monienbuch des 10. Jahrhunderts widerspiegelt. Sie hatten seit alters ihre Plätze im Hippodrom gegenüber der kaiserlichen Loge. Die Durchführung der Rennen paßte sich nach dem 6. Jahrhundert zunehmend dem Kirchenkalender an; da sie an kirchlichen Festtagen verboten waren, wurden sie auf die Vor- oder Nachtage verlegt. Beim Besuch auswärtiger Gäste wurden gesonderte Rennen durchgeführt. Im Zeremonienbuch ist auch die Zahl der Rennen auf vier am Vormittag und vier am Nach-mittag reduziert, während das 6. Jahrhundert noch mehr als zwanzig kannte.

Nicht mehr unter Posaunenklang, sondern unter dem Dröh-nen der Zirkusorgel öffneten sich die Tore der Ställe. Nach einer Orientierungsstrecke setzte das Rennen um die Spina herum ein, das siebenmal wiederholt wurde, ehe am Platz des Stadt-eparchen (am gemauerten Obelisken), schräg gegenüber der kaiserlichen Loge, der Sieger durchs Ziel ging. Er verließ hier seinen Wagen und ging zu Fuß zur kaiserlichen Loge, wo er den Siegerkranz erhielt. Wagenrennen wurden bis in die 2. Hälfte des 12. Jahrhunderts (ein sicheres Datum ist 1168) organisiert, und es scheint sicher, daß es sie in der Paläologenzeit (nach 1261) nicht mehr gab. Es läßt sich in byzantinischer Zeit schwerlich ausmachen, wie oft Wettrennen veranstaltet wurden – nachweislich am Ende der Weihnachts- und der Osterzeit, am byzantinischen Neujahrstag, dem Tag der Stadtgründung, dem (heidnischen) Frühlingsfest der Brumalien, an Geburtstagen in der Kaiserfamilie und zu Ehren von Gästen – insgesamt also sicher mehr als ein dutzendmal im Jahr.

Auch gab es Glücksspiele, mit deren Hilfe Zuschauer auf die siegreiche Partei setzen konnten; ein dafür dienendes Gerät wurde in der Nähe des Hippodroms gefunden und befindet sich heute im Berliner Bode-Museum. Da ein Kirchenmann des 12. Jahrhunderts noch darüber berichtet, waren solche Spiele trotz kirchlicher Verbote nicht zu unterbinden. Die Sigurd-Saga

berichtet sogar, daß beim Besuch des Norwegerkönigs im Jahr
1111 die Wagenlenker des Kaisers (Alexios) gegen jene der Kaiserin angetreten seien und letztere verloren hätten, doch war
diese Geschichte eher ein Märchen, das man den norwegischen
Gästen erzählte.

Wenigstens im 12. Jahrhundert, vielleicht auch früher, wurden Pausen während der Rennen mit Zirkusdarbietungen aus-
gefüllt. Der jüdische Reisende Benjamin von Tudela (1161/63)
berichtet von Wildtieren, die man gegeneinander kämpfen ließ.
Auch in den letzten Jahrhunderten vor dem Untergang, als die
bauliche Substanz zunehmend verfiel, diente der Hippodrom
bisweilen noch für Spiele. Im Jahr 1432 sah ein burgundischer
Gesandter dort Geschicklichkeitsspiele zu Pferde. Die große
Zeit des Hippodroms als gesellschaftlicher Mittelpunkt der
Stadtbevölkerung war jedoch mit dem Jahr 1204 vorüber.

Volksfeste. Auch abgesehen von den Wettrennen im Hippodrom
gab es Anlässe, die den Stadtbewohnern Kurzweil boten, etwa
freudige Ereignisse im Kaiserhaus, die die ganze Stadt Anteil
nehmen ließen. So heißt es bei der Hochzeit des Kaisers Maurikios (582): «Die Stadt feierte sieben Tage lang … Flöten, Pfeifen
und Kithara ertönten zur Entspannung und Erquickung, und
viele Gaukler boten den Schaulustigen den ganzen Tag ihre
Kunstfertigkeiten dar.» In Konstantinopel (und wohl nur dort)
war die Erinnerung an heidnische römische Feste noch wach gehalten worden: Es gab Saturnalien, Brumalien, das Rosaliafest
und die Kalanda, die unter lebhafter Kritik der Kirche (die uns
dadurch die Information überhaupt erhalten hat) allesamt
Grund zu Verkleidung und Mummenschanz boten.

Aber auch Heiligenfeste konnten Anlaß zu weltlichen Lust-
barkeiten sein. Am Festtag der «heiligen» Notare (weil sie im
kirchlichen Dienst standen) Markianos und Martyrios (25. Oktober) bewegten sich junge Notare – die mit 16 Jahren eben ihre
Ausbildung abgeschlossen hatten – in einem lustigen Umzug
über die *Fora* der Stadt, angetan mit Masken, Kothurn, Frauen-
schmuck und Kleidung in antiker Manier. Es gab – wie ein bedeutender Literat erwähnt, der das spectaculum in einem Ge-

dicht verewigte – Gesang und Musik, und das Volk begleitete das Treiben mit Klatschen und Lachen.

Über einige Jahrhunderte existierte in Konstantinopel auch der Klerikermimos: Am Weihnachtsfest und auf Lichtmeß trugen Kleriker Masken und waren als Soldaten, Mönche oder auch Tiere verkleidet. Manche trugen sogar Frauentracht und hatten ihre Wangen geschminkt. So zogen sie durch die Stadt und brachten die Bewohner zum Lachen. Auch darin, so häufig – und dies wohl bis zur osmanischen Eroberung – an öffentlichen Festen teilzunehmen, zeigt sich die privilegierte Stellung der Bewohner dieser Stadt.

6. Leichtes Leben – Schweres Leben: Die Versorgung der Stadt

Ernährung und Verpflegung. Die Hauptsorge der Kaiser galt immer der Getreideversorgung Konstantinopels, die zunächst aus Ägypten (bis zur arabischen Eroberung 642), dann aus der Chersonnes (Krim) und Thrakien sichergestellt wurde. Ausgehend von spätantiken Angaben sind für 500 000 Personen etwa 10–15 000 t Getreide jährlich notwendig. Das Eparchenbuch aus dem 10. Jahrhundert erwähnt an Nahrungsmitteln, die auf dem Markt gehandelt wurden, Brot, Käse, Öl, Hülsenfrüchte, Butter, Wein, Pökelfleisch und Fisch sowie Schafs- und Schweinefleisch. Es bleiben Salate und Gemüse unerwähnt, die in der mediterranen Küche – die auch damals in Konstantinopel üblich war – nicht fehlen konnten, aber wohl im allgemeinen keiner staatlichen Aufsicht unterlagen und daher im Eparchenbuch nicht genannt werden. Sie waren aber gerade für die ärmere Bevölkerung (neben dem Brot) ein Grundnahrungsmittel, wie ein Bettelgedicht zeigt: «Sellerie, Porree und Lattich, Endivie, Spinat, Gartenmelde, Steckrüben, Auberginen, phrygischer Kohl, Mangold, Karfiol.» Diese leicht verderblichen Produkte wurden, wie wir wissen, in Konstantinopel selbst angebaut, und zwar zwischen der Konstantinischen und der Theodosianischen Mauer und darüber hinaus in einem breiten Streifen außerhalb der Theodosianischen Mauer, so daß 12–15 qkm Anbaufläche

zur Verfügung stand, die für 300 000 Menschen eine Versorgung mit diesen Gartenprodukten gewährleistete. Zu den Pro-
duktionsgebieten, vor allem von Obst, gehörte aber auch die
kleinasiatische Küste des Marmarameeres, woher die Ware
leicht zu Schiff gebracht werden konnte. Die Bedeutung der
Gartenprodukte im Leben der Stadt wird auch dadurch deutlich, daß die Pferderennen im Hippodrom am Geburtstag der
Stadt als «Gemüserennen» *(lachanikon hippodromion)* bezeichnet wurden, da an das Volk im Hippodrom Gemüse verteilt
wurde. Das Angebot hing natürlich von klimatischen Faktoren
ab, wobei die konstantinopolitanischen Quellen immer wieder
über Dürre oder übermäßigen Regen berichten oder auch von
feindlichem Vordringen auf die Getreideregionen, so daß man
beispielsweise nach dem seldschukischen Sieg bei Mantzikert
(1071) für eine Währungseinheit *(nomisma)* plötzlich ein Viertel weniger Getreide erhielt.

Leider haben wir keine zu einem Vergleich erforderlichen,
methodisch brauchbaren Hinweise für das Verhältnis von Löh-
nen der einfachen Bevölkerung und Preisen für Grundnahrungsmittel in der Hauptstadt. Trotzdem war das Leben in Konstantinopel leichter als anderswo, und es dürfte – mutatis mutandis
– für alle Schichten zutreffen, was Michael Choniates, Bruder
des Historikers und Metropolit in Athen um 1200 an einen
Briefpartner schreibt: «Woran mangelt es euch denn? Werden
nicht die weizentragenden Ebenen von Makedonien, Thrakien
und Thessalien für euch bebaut? Wird nicht Wein von Euboia,
Pteleon, Chios und Rhodos für euch gekeltert? Weben nicht
Thebens und Korinthens Finger Kleider für euch? Fließen nicht
alle Ströme an Gütern in die kaiserliche Stadt wie in ein Meer
zusammen?»

Wasserversorgung. Die Wasserversorgung des frühen Konstantinopel entspricht ganz den Normen und Erfordernissen einer
römischen Stadt, in der nicht der Bedarf an Trinkwasser den
Ausschlag gab, sondern derjenige für Bäder sowie öffentliche
und private Anlagen wie Springbrunnen auf Höfen und Plätzen.
Dieser Tradition ist in gewissem Sinne und mit erheblichen Ein-

schränkungen auch die mittelalterliche Stadt treu geblieben. Allerdings bleiben mehr Fragen zur Wasserzuleitung und Verteilung offen, als man denken möchte. Die Stadt selbst verfügte kaum über Quellen, die dann auch bald als heilige Quellen in Verbindung mit Kirchen standen (Peribleptos-Kirche, Blachernenkirche), und nur ein kleiner Fluß, der Lykos, heute nicht mehr sichtbar, durchquerte die Stadt und ergoß sich beim Eleutherios-Hafen ins Marmarameer. Schon im alten Byzantion wurde Wasser vom Norden herangeführt. Kaiser Hadrian (117–138) erbaute einen ersten Aquädukt, der von der Trassenführung mit jenem des Kaisers Valens (364–378) identisch sein dürfte. Das Wasser kam wohl aus der 120 km entfernten Region Bizye, aber archäologische Untersuchungen über frühe Wasserleitungen fehlen noch. Das aus dem Norden herangeführte Wasser wurde in erster Linie zur Füllung der großen Zisternen (s. unten) verwendet und in der Nähe des Theodosiosforums in einem Wasserkanal auf Röhren verteilt, die die Hofanlagen und Privatpaläste versorgten. Während der awarischen Belagerung (626) wurde die Belieferung über diese Leitung unterbrochen, und erst 758 wurden die Anlagen wieder instand gesetzt. Man fragte sich, wie die Stadt so lange Zeit ohne dieses Wasser auskommen konnte, und hat als Grund auf eine verminderte Einwohnerzahl rückgeschlossen. Vermutlich wurde (neben Zisternenanlagen) über andere Wege, die keine Spuren hinterlassen haben, Wasser aus Thrakien herangeführt. Im 11. Jahrhundert wurde der Aquädukt nochmals erneuert, und einem Reisenden zufolge führte er noch Anfang des 15. Jahrhunderts Wasser.

Schon im spätantiken Konstantinopel wurde die Wasserversorgung durch den Bau großer Zisternen – offener wie geschlossener – ergänzt, die heute noch erhalten oder als Freiflächen im Stadtbild sichtbar sind. Die großen offenen Zisternen des 5. Jahrhunderts (Aspar, Aetios, Mokios – benannt nach ihren Geldgebern) faßten zusammen rund 100 000 Kubikmeter Wasser und dienten überwiegend der Versorgung der Bevölkerung, während zwei geschlossene Zisternen (Binbirdirek – der griechische Name ist vielleicht Philoxenos – und die «Zisterne der Basilika», heute Yerebatan Sarayı) zur zusätzlichen Sicherung

der Wasserzufuhr im Hofbereich angelegt wurden. Durch Schriftquellen und Ausgrabungen sind heute 71 Zisternen bekannt,
doch waren es sicherlich insgesamt noch weit mehr. Sie erscheinen vielfach (ganz oder teilweise) als Substruktion von Palästen
und besonders von Kirchen und dienten zusätzlich dem Erdbe-
benschutz der darüber errichteten Bauten, «indem die zahlreichen freistehenden Säulen (sogenannte Pendelstützen) unter den
homogenen Gewölbeplattformen solche Stöße teils abfangen,
teils ausgleichen» (Müller-Wiener). Die überwiegende Mehrzahl
dieser Zisternen wurde vom Regenwasser gespeist.

Der größte Teil des Wassers wurde, wie bereits angedeutet, für
den Betrieb öffentlicher Bäder verwendet, deren Bau bis in die
Zeit Justinians (527–565) belegt ist. Archäologisch nachweisbar
sind heute nur mehr sehr wenige Bäder, darunter das älteste
am ehemaligen Heiligtum des Zeus Hippios (Zeuxippos) beim
Hippodrom. Das öffentliche Bad verschwand etwa vom 7. Jahrhundert an, auch weil die Kirche aus moralischen Gründen Kör-
perpflege und öffentliche Badekultur anprangerte. Es blieben
die Bäder in den Kaiserpalästen und in Privathäusern der reichen Oberschicht. Noch Theodoros Metochites, zu Beginn des
14. Jahrhunderts Staatsmann unter Kaiser Andronikos II., verfügte über ein luxuriöses Bad. Parallel zum Schwinden der öffentlichen Bäder entstanden allmählich die Klosterbäder, die in erster Linie mit der Krankenpflege verbunden waren oder doch
daraus ihre Rechtfertigung bezogen. Die Badekultur – bei insgesamt rund 50 aus den Quellen bekannten Einrichtungen – hat
sich im Wandel vom antiken zum mittelalterlichen Konstantinopel sozial verändert und beschränkte sich zunehmend auf die
Oberschicht, sie war aber gleichzeitig ein Bestandteil des Lebens,
der in dieser Form auf die Hauptstadt allein beschränkt blieb.

Lebensbedingungen. Wir besitzen kaum Informationen darüber,
wie die Menschen aus mittleren und unteren Schichten in ihren
Häusern lebten, und ebensowenig, wie groß die Familien im
Durchschnitt waren. Der Literat Johannes Tzetzes im 12. Jahrhundert, der sozial zur Mittelschicht zählte – was nur scheinbar
im Widerspruch dazu steht, daß ihm dank seiner zahlreichen

Schriften viele Seiten in der Literaturgeschichte gewidmet sind
– beklagt sich nicht nur über den Lärm, unter dem er wegen der
dünnen Wände zum Nachbarhaus litt, sondern auch über
Schweinehaltung im oberen Stockwerk; und aus einem seiner
Gedichte erfahren wir, daß man durch Ritzen in den Wänden
die Feuerstelle des Nachbarhauses sehen konnte. In der Tat belegen Baubeschreibungen «Fehlwände» aus dünnem Material,
die die Räume voneinander trennten. Häuser in Thessaloniki,
die wir zum Vergleich heranziehen können, bestanden nur bisweilen aus getrennten Wohn- und Schlafräumen, während sich
bei niedriggeschossigen Bauten die Küche – nicht zuletzt aus
Gründen des Brandschutzes – im Hofareal als Anbau oder iso-
liert befand. Häufig wird von Dachterrassen berichtet, die zur
guten Jahreszeit eine Ausweichmöglichkeit aus der Enge im
Hausinneren boten. Kaminartige Heizmöglichkeiten finden sich
für ein durchschnittliches Haus nie erwähnt. Die wenigen und
kleinen Fenster waren nur mit dicken Stoffen verhängt und im
Winter wohl mit Brettern verschlossen. In den Wohnräumen
der Reichen gab es, wie wir aus Testamenten wissen, Teppiche
(als Wandschmuck), Schränke und Truhen und wertvoll ausge-
stattete Bettdecken und Kissen.

Es fehlte in Konstantinopel, wie in jeder anderen Großstadt,
nicht an Obdachlosen, die ihr Leben nur im Freien zubrachten,
auch wenn Quellen von Armenasylen berichten, und viele über-
nachteten häufig in den Vorräumen der Kirchen. Bei besonderer
Kälte (wie für den Winter 928 berichtet wird) ließ der Kaiser
diese Vorhallen mit Brettern versehen, so daß die Menschen gegen Schnee und Kälte etwas geschützt waren.

Den kleinen Freuden des Alltags dienten die zahlreichen Knei-
pen, deren Führung wenigstens in bestimmten Jahrhunderten
vom Staat geregelt war. An Sonntagen und hohen Feiertagen
durften die Wirte vor der zweiten Tagesstunde (nach Sonnen-
aufgang) weder Wein ausschenken noch Speisen reichen, und
mit Eintritt der zweiten Nachtstunde (nach Sonnenuntergang)
mußten an allen Tagen diese Lokale schließen und die Feuer ge-
löscht werden, «damit nicht diejenigen, die gewohnt sind, dort
zu verkehren, den Tag dort verbringen und, wenn es einem

möglich ist, auch während der Nacht wiederum vom Wein im
Übermaß genießend, ungehemmt in Raufereien, Gewalttätig-
keiten und Zwistigkeiten verfallen» (Eparchenbuch). Natürlich
hat diese Bestimmung wenig Wirkung gehabt, wie eine – sicher
etwas übertriebene Bemerkung – des Odo von Deuil (1147)
zeigt: «Hier (gemeint ist in der Stadt, jenseits der großen Straßen) werden Morde und Raubüberfälle und andere Verbrechen,
die die Dunkelheit wählen, begangen. Da außerdem das Volk
gesetzlos lebt in dieser Stadt, die ebenso viele Adelige und Reiche wie Diebe und Arme hat, braucht ein Krimineller sich weder
zu fürchten noch zu schämen, da Verbrechen vom Gesetz nicht
bestraft wird und auch niemals voll ans Licht kommt. Die Stadt
überschreitet jedes Maß: wie sie über anderen an Reichtum
steht, so auch an Lastern.»

Auch Prostitution und Bordelle fehlen in Konstantinopel
nicht, wenngleich die Quellen dazu für die frühen Jahrhunderte
wesentlich reicher fließen als zu späteren Zeiten. Sie waren vor
allem im Umkreis der vielen Häfen anzutreffen, doch auch an
(oder nahe) der Mese, im besten Geschäftsviertel, war ein Bordell. Der Legende nach ließ auch Konstantin ein Bordell errichten, um gleichzeitig in der Region die Straßenprostitution zu
unterbinden. Erst Kaiser Theophilos soll das Etablissement im
9. Jahrhundert in ein Hospiz umgewandelt haben. Als Symbol
stand am Eingang eine Aphrodite-Statue auf einer stoffumwun-
denen hölzernen Säule, wo sich die Kunden mit den Frauen
trafen; im Innern war der große Raum durch Vorhänge, die zwischen Säulen gespannt waren, aufgeteilt und so in kleine Sepa-
rées gegliedert. Kaiser Justinian löste angeblich Bordelle auf,
errichtete aber einen Palast für die Prostituierten und sorgte für
ihren Lebensunterhalt, so daß sie nicht mehr ihrer alten Tätigkeit nachgehen mußten. Bevorzugte Orte der Prostitution lagen
auch in der Nähe großer Kirchen, wo sich viele Menschen
versammelten. Noch kurz vor der Eroberung Konstantinopels
erwähnt eine Trauerrede anläßlich des Brandes der Blachernenkirche (1434), daß das Unglück die Rache Gottes darstelle für
ein Bordell in unmittelbarer Nähe des Heiligtums.

Krankheit, Alter, Tod. Konstantinopel wurde – als Großstadt und im Kreuzungspunkt des Handelsverkehrs – durch die zahlreichen Besucher und Gäste und eine in vielen Vierteln eng gedrängte Lebensweise besonders häufig von Seuchen heimgesucht, die von den Quellen einheitlich als «Pest» bezeichnet werden, auch wenn es sich manchmal um Cholera oder Typhus handelte. Literarisch berühmt ist die Pestschilderung, die der Historiker Prokop dieser Krankheit – die auch Kaiser Justinian befiel – im fünften Jahrzehnt des 6. Jahrhunderts widmet, auch wenn der Autor den Pestbericht des Thukydides 429 in Athen vielfach zum Vorbild nimmt. Die Seuche trat in der einen oder anderen Form in den folgenden Jahrhunderten wiederholt auf und trug ganz erheblich zur Dezimierung der Stadtbevölkerung bei. Auch in der Mitte des 14. Jahrhunderts, als die Pest – und damals sicher die eigentliche Seuche, der sogenannte Schwarze Tod – das westliche Europa heimsuchte, blieb Konstantinopel nicht verschont, zumal man als Ausgangspunkt die Stadt Kaffa am Schwarzen Meer ausmachen kann, von wo aus sich die Krankheit verbreitete.

Zu den Krankheiten, an denen die Bewohner regelmäßig litten, gehörten Rheuma und Arthrose, die auf klimatische Bedingungen und vielfach kalte und feuchte Wohnungen zurückzuführen sind. Die Knochenreste auf dem Saraçhane-Friedhof (S. 83) an der Polyeuktos-Kirche lassen auch auf Tuberkulose und Lepra schließen, freilich auch auf Verletzungen an Gliedmaßen, die auf Osteoporose und Gewalteinwirkungen bei Streitigkeiten zurückzuführen sind. Die Möglichkeiten, Krankheiten zu heilen oder zu kurieren, waren in Konstantinopel sicher größer als in der Provinz. Die medizinischen und pharmazeutischen Kenntnisse, die die antike Welt gesammelt hatte, waren inhaltlich in großer Vollständigkeit überliefert und konnten auch zur Anwendung gebracht werden. Es existierte dort zu allen Zeiten die Möglichkeit zur ärztlichen Ausbildung, und da schon in der Spätantike der Staat die Krankenpflege an die Kirche abgegeben hatte, gab es in den vielen größeren Klöstern Konstantinopels Krankenabteilungen. Wir dürfen sie uns allerdings nicht besonders umfangreich vorstellen, und es bleibt die Frage, wer Zugang hatte. In einem ausführlichen Text wird ein solches Kran-

kenhaus, das Kaiser Johannes II. Komnenos 1136 für das Pantokratorkloster gestiftet hatte, in seinen Einzelheiten geschildert:
Die 61 Betten waren über 5 Säle verteilt, in denen von 35 Ärz-
ten jeweils unterschiedliche Krankheiten behandelt wurden.
Man kann davon ausgehen, daß diese Institution nur Mitglie-
dern des Hofs und hohen geistlichen Würdenträgern offenstand.
Ebenso waren verschiedenen Klöstern Alten- und Waisenheime
angeschlossen, die aber niemals für eine Stadt ausreichen konnten, die im 12. Jahrhundert vielleicht 400 000 Einwohner hatte.

Der größte Teil der einfachen Bevölkerung blieb also auch in
der Hauptstadt ohne kompetente ärztliche Versorgung und verließ sich auf magische und pseudomedizinische Praktiken, von
denen viele Texte Zeugnis ablegen. Jüngste Untersuchungen von
Gräbern der spätbyzantinischen Zeit – angelegt über dem Atri-
um der ehemaligen Polyeuktos-Kirche, eine Grablege, die auf
Mitglieder der Bevölkerung aus den Mittel- und (eher noch)
Unterschichten Konstantinopels schließen läßt – ergaben ein
Durchschnittsalter von 26 Jahren bei Frauen und 29 Jahren bei
Männern, was weit unter dem durchschnittlichen Sterbealter in
der klassischen Antike liegt. Der Friedhof bei der Kalenderhane
Camii, der älter, aber noch nicht durch Grabungsergebnisse er-
schlossen ist, bringt höhere Werte: 46 Jahre für Männer und 36
für Frauen. Es bedarf noch weiterer Untersuchungen, um hier
auf breiterer Basis zu ausgewogenen Ergebnissen zu kommen.

Messungen auf dem Saraçhane-Friedhof lassen auch vorsich-
tige Rückschlüsse auf die durchschnittliche Körpergröße der
damaligen Bewohner der Stadt zu – 168 cm für Männer und
159 cm für Frauen. Über schriftliche Quellen zum Lebensalter
verfügen wir natürlich nur für die Oberschicht: die Literaten,
die fast ausnahmslos in Konstantinopel ansässig waren, lebten
im Durchschnitt 67 Jahre, die Kaiser aus den Dynastien des
9.–12. Jahrhunderts etwa 60 Jahre, doch sind hier auch verschiedene Fälle eines gewaltsamen Todes miteinberechnet. Im Vergleich dazu betrug das Durchschnittsalter der deutschen Kaiser
der sächsischen Dynastie im 10. Jahrhundert etwa 40 Jahre. Die
guten Lebensverhältnisse für die Oberschicht in Konstantinopel
können der Grund für diesen deutlichen Unterschied sein.

Bestattung und Friedhöfe. Bis in die Zeit Justinians wurden Friedhöfe (auch in Konstantinopel) außerhalb der bewohnten und bebauten Stadtanlagen angelegt, vor allem entlang der in den Norden nach Thrakien führenden Straßen. Als Grablegen dienten oft schon in Byzantion vorhandene Hypogäen (unterirdische Grabkammern), aber auch Bleisarkophage wurden gefunden. Im 10. Jahrhundert wurde die Bestattung auch innerhalb der Stadt, um Kirchen herum (meist in den Vorhallen), erlaubt, war aber sicherlich schon geraume Zeit vor der gesetzlichen Fixierung praktiziert worden. Der Saraçhane-Friedhof zeigt, daß die Toten (in Tücher gehüllt) in Gruben gelegt wurden; vereinzelt weisen Nägelfunde auf Bestattungen in Holzkisten hin. Diese Formen des Begräbnisses waren im gesamten Reich üblich und stellen keine Besonderheit der Stadt dar. Die Mitglieder der kaiserlichen Familie wurden hingegen seit Konstantin dem Großen in einem von ihm errichteten Mausoleum und in einem weiteren Justinians, neben der Apostelkirche, in Porphyrsarkophagen (ohne Aufschrift) bestattet. Erst als, trotz mehrfacher Bestattungen im selben Sarkophag, der Platz nicht mehr ausreichte, wichen die Kaiser auch auf andere Kirchen der Stadt, und zwar meist auf eigene Gründungen aus. Auch zahlreiche Patriarchen fanden in der Apostelkirche (nicht der Hagia Sophia) ihre letzte Ruhestätte. Dem Beispiel der Kaiser folgten schon im 12. Jahrhundert Mitglieder der großen Familien, die sich überwiegend in Arcosolgräbern (Wandnischen) bestatten ließen. Oft wurden Dichter beauftragt, den Text der metrischen Inschriften zu entwerfen. Einige wenige Beispiele sind in der Pammakaristos-Kirche (Fethiye Camii) in situ erhalten. Viele archäologische Einzelheiten zu den Bestattungen sind indes noch unerforscht.

7. Die Fremden

Am Ende eines trockenen Lehrgedichtes brüstet sich der Vielschreiber Johannes Tzetzes, der fast das ganze 12. Jahrhundert über in Konstantinopel lebte, mit seinen Sprachkenntnissen und stellt Grußformeln aus all jenen Sprachen zusammen, in denen er die Gäste zu begrüßen imstande war: Petschenegen, Kumanen, Alanen (worunter man Kaukasusvölker, vornehmlich Georgier verstand), Araber, Russen, Juden und natürlich Italiener, für die alle der Autor eine ganze Fülle von Gesprächsformeln bereit hatte. Fremde hielten sich in Konstantinopel in erster Linie als Pilger – vor allem aus dem Westen, erst später aus Rußland – und Händler auf, seit dem 11. Jahrhundert auch als Söldner in den kaiserlichen Elitetruppen und vereinzelt als Gefangene. Mit ihnen konnten die Bewohner auch in Kontakt treten, während sie fremde Gesandte entweder überhaupt nicht oder nur aus der Ferne zu Gesicht bekamen. Diese waren als potentielle Spione unter Bewachung in eigenen Häusern untergebracht und konnten sich kaum frei bewegen; in spätbyzantinischer Zeit wohnten sie meist im «Ausländerviertel» Pera jenseits des Goldenen Horns und erhielten für Besuche in der «Stadt» eine Begleitung. Natürlich gab es auch Fremde, die aus den byzantinischen Reichsteilen in die Stadt kamen, vor allem Flüchtlinge, Mönche und Geistliche sowie viele Arme aus der Provinz, die in der großen Stadt ihr Glück versuchten, aber bisweilen schon bei Kontrollen an den Stadttoren scheiterten, wodurch ein starkes Anwachsen der Stadtbevölkerung verhindert werden sollte.

Die nichtbyzantinischen Fremden unterstanden der Aufsicht des Stadteparchen, und ihre Aufenthaltszeit war beschränkt entsprechend ihren Aufgaben. Pilger haben sich den erhaltenen Berichten zufolge kaum länger als eine Woche hier aufgehalten und wohnten in Hospizen. Den schriftlichen Quellen zufolge lassen sich etwa dreißig solcher Institutionen nachweisen – oft in Verbindung mit Klöstern, doch keineswegs in gleicher Zahl über alle Jahrhunderte verteilt.

Der Fremde (Ausländer) im besondern war natürlich der Händler, dessen Tätigkeit Gegenstand des folgenden Kapitels sein soll. Für seine Präsenz in Konstantinopel haben wir bis Ende des 9. Jahrhunderts nur sehr unsichere Hinweise. Im 8. Jahrhundert begegnen Bulgaren (die nicht christianisierten turkstämmigen Protobulgaren), doch sind sie ebenso wie später die Russen nicht oder nur in kleinen Gruppen und bewacht in die Stadt eingelassen worden. Syrische Händler sind um 900 im Buch des

Eparchen erwähnt, und von diesem Zeitpunkt an verfügen wir
über zahlreiche Hinweise auf fremde Händler aus den Ländern
des Kalifats, die ihre Waren in einem ihnen zugewiesenen Gebäude verkaufen mußten, wo sie auch wohnten. Ihnen stand in
der Nähe des Praitorions, also beim Konstantinsforum, eine
Moschee zur Verfügung, die angeblich 718 unter dem Druck
der damaligen arabischen Belagerung errichtet worden ist. Die
Zahl muslimischer Händler nahm im 12. Jahrhundert so stark
zu, daß am Goldenen Horn, nordwestlich der heutigen Galatabrücke (außerhalb der Seemauer) eine zweite Moschee errichtet
wurde. Händler aus dem süditalienischen Amalfi werden schon
um die Mitte des 10. Jahrhunderts erwähnt, und von einem Vertrag mit den Venezianern ist 992 die Rede, doch ist es ganz ausgeschlossen, daß Angehörige dieser italienischen Seestädte nicht
schon wesentlich früher nach Konstantinopel gekommen waren. Die Amalfitaner wurden allerdings im 12. Jahrhundert immer mehr von den Venezianern verdrängt. Seit dem Vertrag von
1082 standen die Venezianer an Anzahl und Einfluß an erster
Stelle unter allen Ausländern, was daraus zu schließen ist, daß
ihnen in bester Lage am Goldenen Horn Grundbesitz mit Häusern und Landungsstegen überlassen wurde. (Abb. 6) Politische
Erwägungen, die in erster Linie durch die außenpolitischen Ziele der Kaiser motiviert waren, führten dazu, daß im Verlauf des
12. Jahrhunderts auch Pisanern (1111) und Genuesen (1169/
1170) ähnliche Rechte wie den Venezianern zugestanden werden mußten. Damit entstanden innerhalb Konstantinopels drei
nebeneinander liegende Bezirke (vgl. Karte 7, S. 96), die nicht
mehr in allen Bereichen der byzantinischen Oberhoheit unterstanden. Die lateinischen Händler waren gehalten, nur in diesen
Stadtregionen zu wohnen, doch wurde diese Bestimmung nachweislich vielfach nicht beachtet. Auf diesen Territorien befanden sich Kirchen, in denen westliche Geistliche die Messe nach
lateinischem Ritus feierten. Die Größe der (allenfalls einstöckig
bebauten) Flächen erlaubte es nur einigen hundert Personen
ständig anwesend zu sein; wenn im Frühjahr jedoch die Schiffe
ankamen, müssen wir freilich mit Tausenden «Neuankömmlin-
gen» rechnen, auch wenn sich viele von ihnen nur zeitweilig in

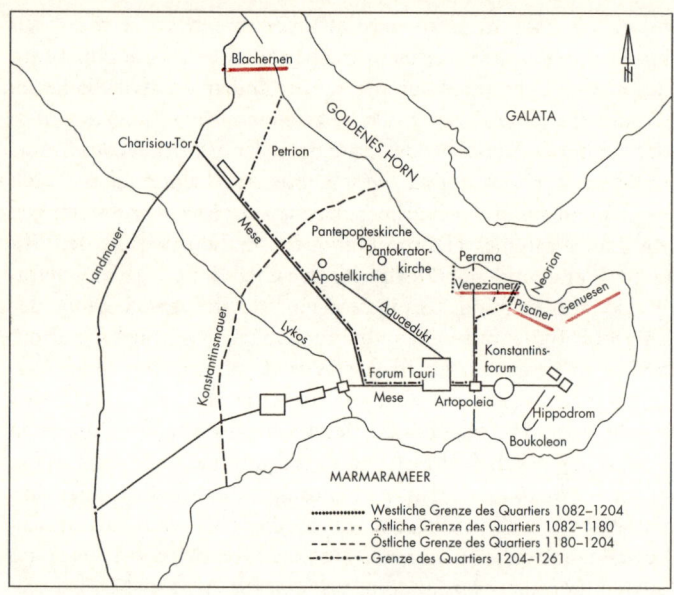

**Abb. 6: Die Quartiere der Venezianer zwischen 1082 und 1261
(nach Jacoby)**

der Stadt aufhielten. Wir besitzen keine Informationen darüber, inwieweit längerfristige soziale Kontakte mit der Bevölkerung zustande kamen, da eine offizielle Eheschließung zwischen Orthodoxen und Nichtorthodoxen nach kanonischem Recht nicht möglich war. In spätbyzantinischer Zeit wuchs der Zudrang aus dem Westen (nun auch aus Spanien und Frankreich) weiter an, doch konzentrierte er sich zunehmend auf den neu besiedelten Stadtteil Pera-Galata, der sich sozial und vom architektonischen Bild her vom alten Konstantinopel mehr und mehr absonderte.

Es lebte in Konstantinopel aber auch eine «fremde» Minderheit, die dauernd ansässig war – die Juden. Sie wurden Quellen aus dem 9. Jahrhundert zufolge unter Konstantin dem Großen oder (wahrscheinlicher) unter Theodosios II. westlich der Hagia Sophia, im Viertel der Kupferschmiede (Chalkopraten), angesiedelt, und sie errichteten dort angeblich auch eine Syn-

agoge, die bald dem Bau einer Muttergotteskirche (der bekannten «Chalkopraten»-Kirche) weichen mußte. Vermutlich 1044,
als Strafmaßnahme wegen eines Aufstandes, wurden die Juden
jenseits des Goldenen Horns nach Galata umgesiedelt, wo sie
der spanische Reisende Benjamin von Tudela (1161/63) antraf
und ihre Zahl auf etwa 2500 schätzte. Auch während des lateinischen Kaiserreiches waren, Ergebnissen neuester Forschungen
zufolge, die Juden nicht völlig vertrieben worden. Kaiser Michael VIII. (1259–1282) siedelte sie an der Küste des Marmarameeres – beim Kontoskalionhafen – an. Den Juden kam, wie
überall im byzantinischen Reich, auch in Konstantinopel der
Status einer tolerierten Minderheit zu, die eng mit dem wirtschaftlichen Leben der Stadt verbunden war, aber auch über
Kontakte zum Kaiserhof verfügte. So erwähnt Benjamin von
Tudela einen Juden als Leibarzt Kaiser Manuels I. (1143–1180).
Die jüdische Gemeinde in der Stadt war zu großen Teilen infolge
einer gesamtmittelmeerländischen Migration entstanden, besonders deutlich seit dem 13. Jahrhundert, als Venezianer und
Genuesen Juden nach Konstantinopel holten.

Zu erwähnen bleiben in diesem Zusammenhang noch die
Sklaven, meist fremdstämmige Kriegsgefangene, von denen es
laut einer hagiographischen Quelle des 10. Jahrhunderts «zahlreiche» in Konstantinopel in den kaiserlichen Werkstätten, aber
auch in den Diensten von Gold- und Silberschmieden gab. Auch
in den Haushalten der Oberschicht waren sie gewiß anzutreffen, doch besitzen wir für die Stadt (im Gegensatz zur Provinz)
nur wenig konkrete Informationen.

V. Wirtschaft in Konstantinopel

1. Konstanten und Kontinuitäten

Trotz vieler Wandlungen und einer im Laufe der Jahrhunderte oft dramatisch bewegten Ereignisgeschichte erscheint der Charakter einer Wirtschaftsmetropole als überzeitliche Konstante im Leben der Stadt am Bosporus. Bereits das frühe Byzantion war als Handelskolonie gegründet worden, wenngleich in der Antike anderen Städten in dieser Hinsicht eine höhere Bedeutung zukam. Erst mit dem wirtschaftlichen Niedergang Syriens, dem Verlust Alexandreias (642) und dem Ende der antiken Stadtkultur kristallisierte sich im verkleinerten Reich Konstantinopel als letzter verbliebener wirtschaftlicher Mittelpunkt von internationaler Relevanz in der vormaligen antiken Welt heraus und konnte diese Stellung zunehmend ausbauen. Diese Rolle behielt es über die osmanische Eroberung hinaus, wenngleich in spätbyzantinischer Zeit der erwirtschaftete Gewinn nur mehr sehr begrenzt der Stadt selbst und ihren Bewohnern zukam, da in dieser Epoche der Großhandel kaum mehr in byzantinischer Hand lag. Doch das osmanische Reich konnte nahtlos an die alte wirtschaftliche Tradition anknüpfen, und bis heute kommt der Stadt in dieser Hinsicht eine weithin ungebrochene zentrale Funktion und große Bedeutung zu, die, wie einst in byzantinischer Zeit, unter den Osmanen rasch zu einer Bevölkerungszunahme geführt hat.

Konstantinopel war in erster Linie ein Umschlagplatz des Seehandels. Die Waren aus den verschiedenen Regionen des Schwarzen Meeres – einschließlich der dort mündenden Land- und Flußwege aus Asien und dem Orient – und (seit dem 7. Jahrhundert) aus dem Mittelmeerbereich wurden hier umgesetzt und weiterverhandelt. Auf der gegenüberliegenden Seite endete in Chrysopolis (heute Üsküdar) der zentrale kleinasiatische Landweg, während der Handelsweg aus dem balkani-

schen Norden beim modernen Edirne-Tor direkt in die Stadt
führte.

2. Informationen

Die einzelnen Informationen über den Wirtschaftsmittelpunkt
Konstantinopel sind recht bescheiden. Keine einzige Quelle vor
dem 13. Jahrhundert berichtet über den Umfang des Handels.
Eher verstreute und zufällige Mitteilungen allgemeinen Charak-
ters bieten die verschiedenen Historiker, so daß sich die ganze
Aufmerksamkeit auf eine juristische Quelle des 10. Jahrhunderts, das Eparchenbuch stützt, was bisweilen zu einer etwas
einseitigen Sicht von Handel und Handwerk in Konstantinopel
führt. Zweck dieser gesetzesartigen Sammlung aus dem Jahr
912 (mit späteren Ergänzungen) war die staatliche Überwachung verschiedener Handels- und Verkaufszweige seitens des
Stadteparchen, die auf der einen Seite zum Luxusgewerbe gehörten und auf der anderen Seite der Versorgung der Stadtbevölkerung mit wichtigen Nahrungsmitteln dienten.

Dagegen ist die Topographie der westlichen Handelsquartiere
durch eine Reihe von lateinischen und griechischen Verträgen
relativ gut erschlossen. Erst mit der verstärkten Handelsaktivi-
tät westlicher Nationen in der Ägäis und im Schwarzen Meer
während des 12. Jahrhunderts konkretisiert sich die Bedeutung
Konstantinopels nach Zahlen und Handelsprodukten, und in
der Mitte des 14. Jahrhunderts widmet ein italienisches Handelsbuch (Francesco Balducci Pegolotti) allein dem Handel in
der Kaiserstadt zwanzig Seiten der modernen Ausgabe.

3. Die Häfen

Schon bei der Gründung in archaisch-griechischer Zeit scheinen
die günstigen Anker- und Anlegestellen am Goldenen Horn aus-
schlaggebend für die Siedler gewesen zu sein. Ein grundsätz-
liches Problem für die Erforschung der Häfen Konstantinopels
stellt allerdings die Versandung dar; sie ist zudem verbunden
mit der Schwierigkeit, den Verlauf der Küstenlinie zu verschiedenen Zeiten durch Bohrungen und Sondagen geomorpholo-

gisch zu rekonstruieren. Am Goldenen Horn befanden sich in
dem Gebiet zwischen der Serailspitze und der heutigen Galatabrücke schon seit der Antike zwei Häfen, doch war, nachdem
die Einfahrt durch eine Kette abzusperren war (8. Jahrhundert),
das gesamte Goldene Horn in gewissem Sinn Anker- und Ha-
fenplatz. Als im Laufe des 8. und 9. Jahrhunderts die Mauerteile
am Goldenen Horn zunehmend verbunden waren, ergab sich
bis zum Wasser noch ein mehrere Dutzend Meter breiter Streifen, teilweise künstlich aufgeschüttet, der die Errichtung von
Kontoren und Warenlagern erlaubte, die in italienischen Doku-
menten auch ausdrücklich erwähnt sind. An der Seite des Marmarameeres, wo noch im 19. Jahrhundert das Wasser oft die
Mauern berührte und große künstliche Aufschüttungen erst im
letzten Jahrhundert erfolgten, nennen die Quellen zehn Häfen,
die teilweise ineinander übergingen, was aber auch eine Folge
von Doppelbenennungen sein mag. Die Seemauer war nach in-
nen um diese herumgeführt und öfter mit Säulenhallen verschö-
nert, doch waren sie auch teilweise zur Seeseite hin durch Mauerwerk gegen Winde und Wellen geschützt.

Den ersten Hafen an der Südküste ließ Kaiser Julian (361–
363) errichten, und zwar im Bereich des heutigen Kumkapı, wo
im topographischen Bild die Hafenführung noch erkennbar ist.
Er wurde von späteren Kaisern bis ins 15. Jahrhundert erweitert
und erneuert, so daß er unter verschiedenen Namen bei den Historikern geführt wird, am häufigsten als «Kontoskalion» – ein
Name, der auf eine Person, die vielleicht in Verbindung mit diesem Bauwerk stand (Kontoskeles «Kurzbein»), zurückgehen
könnte. Einen ursprünglich noch größeren Hafen, westlich des
eben genannten, ließ Kaiser Theodosios I. (379–395) errichten,
vor allem für die Getreidetransporte aus Ägypten. Der Versorgung des Kaiserpalastes, aber auch zu Repräsentationszwecken,
diente der «Bukoleonhafen», von dem bereits im Zusammenhang mit dem Kaiserpalast die Rede war. Die Häfen des Marmarameeres dienten aber nicht nur Handelszwecken, sondern
dort war auch die lokale Kriegsflotte stationiert, und mit dem
Kontoskalionhafen war auch zeitweise ein Arsenal verbunden.

Der starke Warenverkehr, besonders im 11. und 12. Jahrhun-

dert, brachte es mit sich, daß im Großraum der Stadt Ausweich-
häfen (Satellitenhäfen) gebaut wurden, so etwa bei der Einfahrt
aus der Ägäis in die Dardanellen, wo sich in Abydos auch die
Zollstation befand, und in Rhaidestos, ferner an der Nordküste
des Schwarzen Meeres. Die Häfen waren mit verschieden großen Schiffsanlegestellen ausgestattet, die archäologisch nicht
mehr erschließbar sind, aber in den italienisch-byzantinischen
Archivquellen anschaulich beschrieben werden. In der unmittelbaren Umgebung der Häfen befanden sich auch die staatlichen
Vorratsspeicher, vor allem für Getreide, aber auch für andere
Produkte der Basisversorgung (Wein, Öl); davon wissen wir jedoch nur aus Schriftquellen, da diese Bauten keine archäologischen Spuren hinterlassen haben.

4. Geschäftszonen

Die Lage der wichtigsten Handels- und Geschäftsregionen hat
sich von der Spätantike bis in die osmanische Zeit und teilweise
bis heute prinzipiell kaum geändert; sie ist ganz an den Zuliefe-
rungswegen von den Häfen her zur Stadt orientiert. Im Westen
verband eine Straße – in byzantinischer Zeit *makros embolos*,
«lange Portikus» genannt –, deren Verlauf bis heute der gleiche
geblieben ist (Uzun Caddesi, Gedik Paşa Caddesi), das Goldene
Horn mit der Mese zum Kontoskalion- (Julian-, Sophia-) Hafen
und bot die Voraussetzungen, die wichtigsten Produkte, die vor
allem auf den *Fora* vielfach offen verkauft wurden, rasch zu den
Zwischenhändlern zu bringen. Unsere wichtigste Quelle für das
Wirtschaftsleben im spätantiken Konstantinopel, die sogenannte
Notitia urbis Constantinopolitanae (425), erwähnt 19 Bäckereien und eine große Anzahl an Verkaufsstellen für Brot *(gra-
dus)*.

Auf den Macella wurden nicht nur, wie der Name schon sagt,
Fleisch, sondern auch viele andere Lebensmittel verkauft. Zentrale Plätze für den Vertrieb von Nutztieren waren das Theodosiosforum *(Forum Tauri)* und das sogenannte *Strategion* in der
Gegend der osmanischen Hohen Pforte. Die Schlachttiere wurden teilweise zu Schiff (besonders aus dem gegenüberliegenden

Bithynien) in die Stadt gebracht, und es war wohl kein seltener Anblick, daß solche Herden auch auf einer der Prachtstraßen zum Verkauf getrieben wurden.

Die Fischmärkte befanden sich, wie heute, gleich bei den Häfen. Gebrauchsgegenstände des täglichen Lebens und Luxusprodukte wurden in kleineren Geschäften an den portikusüberwölbten Straßen *(emboloi)* verkauft, die die Käufer vor Sonne und Regen schützten. Aus gesetzlichen Bestimmungen des 6. Jahrhunderts geht hervor, daß allein der Hagia Sophia die Steuern von 1100 Boutiquen zustanden. Wenn ein Reisender des 17. Jahrhunderts (Evliya Celebi), während der wirtschaftlichen Blütezeit der osmanischen Stadt, von mehr als 23 000 Läden spricht, so dürfen wir auch für das 11./12. Jahrhundert mindestens von einer halb so großen Zahl ausgehen. Es handelt sich bei den Ladenlokalen stets um flächenmäßig relativ kleine Geschäfte (griechisch *ergastēria*, «Werkstätten»), die im allgemeinen Handwerksbetrieb, Verkaufsstelle und Magazin in einem waren. Die im Verhältnis zu anderen spätantiken Städten, wie etwa Sardeis, wenigen durch Grabungen bekannten Beispiele solcher Geschäftsräume aus der Hauptstadt (einige an der oberen Mese, nahe dem Augustaion) hatten, der prominenten Verkaufslage wegen, mit 10 m in der Länge und 7 m in der Tiefe sicher eine überdurchschnittliche Größe.

Wie in allen antiken und mittelalterlichen Städten wurden bestimmte Gegenstände in festgelegten Bezirken verkauft. Wertvolle Metalle und vor allem ausländische Stoffe konnten nur am oberen Teil der Mese erworben werden und kostbares Glas an der Straße, die von der Hagia Sophia zum *Strategion* führte und heute als Alemdar Caddesi ganz von einer modernen Straßenbahn beherrscht wird. Das Angebot dieser Geschäfte war auf wenige, ganz spezielle Produkte beschränkt. Einige zeitgenössische Aufzeichnungen aus der Mitte des 10. Jahrhunderts berichten von einem Geschäft, das allein Leinenstoffe verkaufte, ein anderes nur Rohseide, ein drittes Stoffe aus syrischer Seide und wiederum ein anderes Mäntel aus Ziegenleder. Diese konkreten Angaben finden ihren theoretischen Hintergrund im Eparchenbuch. Wir zählen (in der Reihenfolge des Textes) die einzelnen

Gewerbe auf, um den Reichtum des Handelsangebotes in Konstantinopel zu illustrieren, obwohl aus Gründen, die zu vielen Spekulationen in der Forschung führten, auch wichtige Zweige (z. B. Nutzmetallverarbeitung, Bäckereien) fehlen: Gold- und Silberverkäufer, Geldwechsler (für Käufer aus dem Ausland, aber auch, um hohe Münzwerte in kleinere Nominale zu wechseln), Kleider- und Stoffhändler, Händler syrischer Seidenstoffe, Rohseidenhändler, Seidenbearbeiter (um das Naturprodukt in weiterzuverarbeitenden Stoff umzuwandeln), Seidenweber, Leinenhändler, Salbenhändler (auch für «pharmazeutische» Produkte), Kerzenmacher, Seifenhersteller, Gemischtwarenhändler, Lederzuschneider, Gerber, Lederarbeiter, Metzger, Schweinehändler, Fischhändler, Wirte und Viehsachverständige. Aufschlußreich sind auch Angaben des Eparchenbuches, aus denen hervorgeht, daß auch Vorschriften über die Standorte bestimmter Gewerbe und den Umgang mit Produkten erlassen wurden: So sollten Parfümhändler am Augustaion, nahe dem Prunkeingang zum Kaiserpalast, ihre Waren verkaufen, damit sie, des Duftes wegen, «zur Ergötzung der kaiserlichen Vorhöfe gereichen». Wachszieher sollten ihre Läden etwa 65 m voneinander entfernt haben, damit beim Ausbruch eines Feuers kein Flächenbrand entsteht, und ähnliche Regeln galten auch für Seifensieder, während die Gerber (wie wir aus anderen Quellen wissen) wegen der Geruchsentwicklung überhaupt nur an weniger bewohnten Orten tätig werden durften. Solche Vorsichtsmaßnahmen kannten auch schon das spätantike Konstantinopel und andere Städte in dieser Zeit: Bäckereien mußten 2,80 m voneinander entfernt sein, Färbereien drei Meter und gipsverarbeitende Betriebe (wegen des Aufkommens von Staub) bis zu 12 m.

5. Der Ausländer im Wirtschaftsleben der Stadt

Benjamin von Tudela, der spanisch-jüdische Mittelmeerreisende, besuchte zwischen 1161 und 1163 auch Konstantinopel und vermerkte zu den ausländischen Händlern: «Alle möglichen Kaufleute finden sich hier ein: aus dem Land Babylon, aus dem gesamten Land Senaar (Sudan), aus Persien und Medien, aus den Königreichen Ägyptens, aus dem Land Kanaan, aus dem Reich Rußlands, aus Ungarn, dem Land der Petschenegen, Chazarien, aus dem Land der Lombarden und aus Spanien. Es ist eine turbulente Stadt, zum Handeln kommt man in sie aus aller Herren Länder sowohl auf dem See- als auch auf dem Landweg.» Die Schilderung verfaßte der spanische Reisende auf dem Höhepunkt händlerischer Aktivität in Konstantinopel. Sie dürfte zwar weitgehend der Wirklichkeit entsprechen, ist aber nicht durch originale Dokumente abzusichern.

Ausländische Kaufleute sind erst langsam zu einer realen Größe im Stadtbild Konstantinopels geworden, und an erster Stelle standen hier immer die Vertreter von Nationen aus dem Westen, die (entgegen den Tatsachen) in der Aussage des Benjamin von Tudela nur eine nebensächliche Rolle spielen. Der Kaiser war vor allem darauf bedacht, fremdländischen Händlern innerhalb der Mauern der Stadt kein Ansiedlungsrecht zuzugestehen. Als erste erhielten Händler aus der kleinen campanischen Stadt Amalfi noch vor der Mitte des 10. Jahrhunderts oberhalb des heutigen Ägyptischen Bazars eine Möglichkeit zur Niederlassung, einen Zugang zum Goldenen Horn und einen Landungssteg im dortigen Neorionhafen (Abb. 7, S. 96). In das Jahr 992 ist eine Urkunde datiert, die ähnliche Rechte auch den Venezianern gewährte, die unterhalb der Amalfitaner, wo heute die Galatabrücke ansetzt, Besitz erhielten. Beide Städte wurden trotz ihrer Entfernung zu Konstantinopel staatsrechtlich als Enklaven des byzantinischen Reiches betrachtet, was ein Recht zur Ansiedlung ihrer Bürger in der Hauptstadt juristisch erleichterte. Erst mehr als 100 Jahre später, im Jahr 1111, wurde – nun aber vor dem Hintergrund der kaiserlichen Politik im Zeitalter der Kreuzzüge – auch den Pisanern, östlich und nördlich der Amalfitaner, ein Wohngebiet zugewiesen. Als letzte erhielten schließlich im Jahr 1169 die späteren großen Handelskonkurrenten der Byzantiner, die Genuesen – östlich der Pisaner – ebenfalls ein Quartier. Die Niederlassungen erfuhren im Laufe der Jahrzehnte und Jahrhunderte, entsprechend der kaiserlichen Politik, Veränderungen, blieben aber, bei aller Selbständigkeit, immer der kaiserlichen Aufsicht unterstellt. Sie bestanden aus einem Konglomerat einzelner Grundstücke mit Wohn- und vor allem Lagerräumen, aber auch mit eigenen Kirchen.

Die Größe dieser Quartiere ist uns mit hinreichender Genauigkeit (dank einer glücklichen Urkundenlage) nur im Falle der Pisaner bekannt und betrug im Jahr 1192 66 000 qm; hinzu kamen noch, außerhalb der Mauer am Goldenen Horn, Landungsstege und Warenlager. Die reichen Angaben lateinischer und griechischer Quellen erlauben es auch, das Quartier der Pisaner ziemlich exakt im heutigen Stadtbild wiederzufinden (Abb. 7, S. 96). Wir kennen Namen von Notaren und Händlern, haben aber keine Berichte über das interne Leben, über das Handelsvolumen und nur vereinzelt über Handelsprodukte. Das Recht, längere Zeit dort zu leben, mußte vom Kaiser auch eigens zugestanden werden, und die Quartiere waren allenfalls in der Handelssaison, zwischen März und Oktober stärker bevölkert, aber mehr als einige tausend Personen, überwiegend Männer, dürften dort nie über längere Zeit hinweg gelebt haben. Händlern anderer Nationen wurden hingegen allenfalls einige Straßenzüge zugewiesen, wie im 12. Jahrhundert den Anconitanern und den Russen, die schon im 10. Jahrhundert Verträge schlossen, aber außerhalb der Mauern leben mußten.

Während des lateinischen Kaisertums (1204–1261) waren in Konstantinopel die venezianischen Händler dominierend, die ihre ursprünglichen Quartiere am Goldenen Horn ausweiteten; aber auch die Pisaner verschwinden nicht ganz aus den Quellen. Mit der Rückgewinnung der Hauptstadt 1261 treten die Seehandelsnationen Italiens und des westlichen Mittelmeers, mit Häuser- und Grundbesitz ausgestattet, besonders zahlenstark in Erscheinung: Anconitaner, Katalanen, Provençalen und Florentiner – und natürlich die Genuesen, die im Besitz eines ganzen Stadtteils (Pera-Galata) im eigentlichen Sinne den Handel beherrschten. Wenn man bedenkt, daß Genuesen und Venezianer mittels der Schwarzmeerschiffahrt Produkte aus Asien über Konstantinopel im Westen und Norden Europas verkauften und Produkte aus diesen Bereichen ebenfalls über Konstantinopel in die Gebiete des Schwarzen Meeres verschifft wurden, so war Konstantinopel ein Mittelpunkt des damaligen Welthandels.

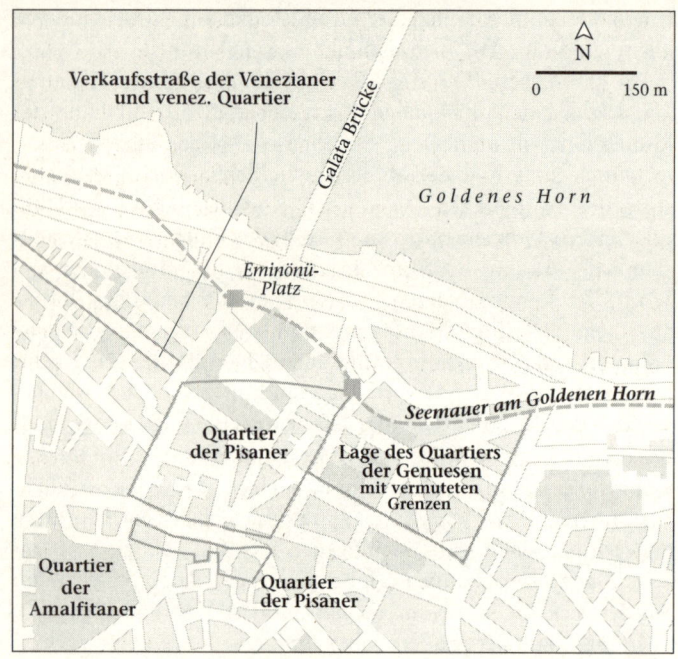

Abb. 7: Quartiere der Amalfitaner, Venezianer, Pisaner und Genuesen um 1200
im modernen Stadtplan (Entwurf P. Schreiner)

Um einen Eindruck von der Vielfalt der gehandelten Produkte
zu geben, seien die in Konstantinopel angebotenen Waren aus
einer beliebigen Seite im Florentiner Handelsbuch des Pegolotti
(aus dem zweiten Viertel des 14. Jahrhunderts) aufgeführt: ge-
schälte Mandeln, mit Baumwolle vermischte Wolle (als unverar-
beitetes Produkt), Honig, Baumwollgarn, Reis, türkische Gall-
äpfel, Trockenfeigen aus Mallorca und Spanien, Auripigment
(Farbstoff), Safranfarbstoff, Henna, römischer Kümmel, Pista-
zien, Schwefel, Sennesblätter (ein Purgativum), Pech, Bleiglätte
(Farbpigment), gepökeltes Fleisch, Käse, alexandrinisches Leinen, Leinen aus der Romania (dem byzantinischen Reich), Mo-
hairwolle, gewaschene und ungewaschene Wolle aus der Romania und solche türkischer Provenienz, Kastanien. Die offensicht-

lich ganz unterschiedlichen Produkte wurden natürlich nicht alle an derselben Stelle angeboten, sondern sind in dem Handelsbuch nur deshalb einheitlich zusammengefaßt, weil sie unter demselben Gewichtsmaß verkauft wurden. In ihrer Vielfalt erinnern sie aber auch an einen heutigen orientalischen Bazar.

Man hat sich, bereits für das 12. Jahrhundert, besonders aber für das späte Konstantinopel gefragt, wie sich diese ausländische Konkurrenz auf die byzantinischen Kaufleute in der Stadt auswirkte. Wir besitzen keine quantifizierbaren Angaben, um Folgen konkret nachweisen zu können, doch lassen literarische Quellen durchaus vorhandene Spannungen erkennen. Umgekehrt traten aber auch byzantinische Händler seit dem 14. Jahrhundert in westliche Handelsgemeinschaften ein. Der Wiederaufbau Konstantinopels nach der Zeit der lateinischen Herrschaft, die reiche und oft luxuriöse Bautätigkeit im kirchlichen wie im privaten Bereich ist wesentlich auf diesen neuen Reichtum zurückzuführen, den die Händler aus dem Westen durch ihre Tätigkeit in der Stadt begründeten.

VI. Der religiöse Mittelpunkt:
Patriarchat, Kirchen und Klöster

1. Konstantinopel und die Entwicklung
der kirchlichen Administration im byzantinischen Reich

Die Herausbildung Konstantinopels als kirchlicher Mittelpunkt eines Großreiches vollzog sich in gewissem Sinne parallel zur politischen Festigung als Reichshauptstadt, war aber wegen des Fehlens einer kirchlichen Tradition mit weitaus größeren Problemen verbunden. Als Konstantin der Große Byzantion zu einer der Regierungsstädte erhob, war es ein einfacher Bischofssitz, dessen historischer Ursprung sich im Dunkel der Geschichte verlor. Die Stadt besaß keinen «apostolischen» Ursprung. Die Legende vom Aufenthalt des Apostels Andreas im alten Byzantion und die Weihe eines gewissen Stachys als erster namentlich genannter Bischof der Stadt finden wir in den Quellen nicht vor dem 7. Jahrhundert. Diese Fiktion gewinnt erst im 9. Jahrhundert – vielleicht unter dem Eindruck des konkurrierenden Kaisertums Karls des Großen – an politischer Bedeutung. Eine ununterbrochene Folge von Bischöfen seit dem 1. Jahrhundert bis in die Zeit Konstantins, wie sie heute mit genauer Chronologie die Homepage des Patriarchats von Konstantinopel ziert, ist eine mehr oder weniger bewußte, auch für westliche Kirchensitze nicht unübliche Geschichtsklitterung, in der Sache aber ohne historische Basis.

In der kirchlichen Rangfolge war Byzanz/Konstantinopel zunächst von Herakleia am Marmarameer abhängig (Suffraganbistum), und dessen Oberhirte behielt bis zum Ende des byzantinischen Reichs das Recht, den Patriarchen von Konstantinopel zum Bischof zu weihen, falls jener diese Würde nicht bereits besaß. Gemäß dem von Konstantin aus der frühen Reichskirche des Ostens übernommenen Prinzip der Identität von staatlichem und kirchlichem Mittelpunkt, war es geboten, daß nach 330 auch Konstantinopel einen erhöhten kirchlichen Rang erhielt. Der Weg dorthin stellt ein Kapitel der allgemeinen politischen Geschichte dar, das aus dem Rahmen einer Stadtgeschichte fällt, so daß hier nur die Eckdaten festgehalten werden können: Im Jahr 381 wurde Konstantinopel zum Ehren-Patriarchat erhoben und im Jahr 451 zum jurisdiktionell mit anderen Patriarchaten gleichrangigen Sitz, wobei das damit verbundene Weiherecht in den Reichsdiözesen Pontos, Asien und Thrakien einen erheblichen ideologischen und faktischen Machtzuwachs bedeutete. Mit der Eroberung der Ostprovinzen durch die Araber im 7. Jahrhundert, wodurch die Patriarchate von Antiocheia, Alexandreia und Jerusalem zum Kalifat gehörten, war der Patriarch von Konstantinopel zum alleinigen Reichsbischof geworden. Seit der ersten Hälfte des 8. Jahrhunderts erhielt seine Amtsgewalt einen weiteren Zuwachs, als ihm durch ein kaiserliches Dekret, dessen Umsetzung sich über mehr als 100 Jahre hinzog, auch Diözesen im Balkanraum, in Griechenland und Unteritalien/Sizilien zugesprochen wurden. Seit der Herrschaft Konstantins fanden die allgemeinen Kirchenversammlungen des gesamten Reichsklerus, einberufen vom Kaiser, in der Hauptstadt oder der unmittelbaren Umgebung statt, so daß dort auch die allgemein gültige Lehrmeinung festgelegt wurde. In Konstantinopel tagte auch, am Sitz des Patriarchen, die «permanente» Versammlung *(Endemusa)* der zum Patriarchat gehörenden Metropoliten, die den regelmäßigen Kontakt der Kirchenprovinzen mit der Hauptstadt förderte. Im Laufe der Jahrhunderte, im besonderen seit dem Wegfall Syriens und Palästinas, wurde auch die an der Großen Kirche eingeführte Liturgie mit allen Meßtexten und Lesungen im gesamten Reich verbindlich. Die enge Verbindung von Kirche und Staat brachte es mit sich, daß auch die kirchliche Außenpolitik ganz in Händen des Kaisers lag und nach Maßgabe der Kräfteverhältnisse an den Patriarchen delegiert wurde, besonders etwa, was die Durchführung missionarischer Aufgaben betraf. Im Zeremoniell vollzog sich schließlich auch eine Verschmelzung von staatlichem und kirchlichem Mittelpunkt in Konstantinopel: die Teilnahme des Kaisers an zahlreichen liturgischen Riten in den verschiedenen Kir-

chen der Stadt und die Krönung des Kaisers durch den Patriarchen in der Hagia Sophia.

2. Die kirchliche Topographie

Das maßgebliche Handbuch zur kirchlichen Topographie Konstantinopels nennt für den gesamten Zeitraum der spätantiken
und mittelalterlichen Stadt bis zur osmanischen Eroberung genau 562 Kirchen und Klöster, die in schriftlichen Quellen erwähnt werden, auch sofern die eine oder andere Doppelung
darunter fallen mag, wenn derselbe Bau in den Texten verschiedene Namen trägt. Der Verlust an Informationen, von dem
immer wieder die Rede war, läßt indes mit Sicherheit vermuten,
daß ihre Zahl noch wesentlich höher lag.

Über keinen Bereich der städtischen Topographie besitzen wir
trotzdem so viele Nachrichten wie über den kirchlichen: begin-
nend mit den volkstümlichen Lokalerzählungen *(Patria)*, dann
die großen Geschichtswerke, ferner Heiligenlegenden, auswär-
tige Pilgerberichte, das Zeremonienbuch des Kaiserhofes, vor
allem aber die liturgischen Formulare über die vielen Heiligenfeste, die in den einzelnen Kirchen zu feiern waren. Die Wirklichkeit im modernen Stadtbild sieht ernüchternd aus, selbst
wenn man sich vor Augen hält, daß mit den erwähnten 562 Kirchenbauten eine Gesamtzahl für den Zeitraum von mehr als
1000 Jahren angegeben ist, in jedem Jahrhundert aber – besonders jedoch am Ende der byzantinischen Zeit – natürlich nur ein
Teil davon existierte. Abgesehen von der Eirenenkirche, die
schon in früher osmanischer Zeit als Arsenal diente, der Peribleptos-Kirche, die von Sultan Mehmed dem armenischen Patriarchen als Sitz überantwortet wurde (Sulu-Monastir, d. h. Was-
ser-Kloster – so wegen einer heilbringenden Quelle benannt),
und der Pammakaristos-Kirche, in der bis 1589 (oder 1593) der
ökumenische Patriarch residierte, wurden die christlichen Kirchen in Moscheen umgewandelt, in ihren Grundmauern in andere Bauten einbezogen oder einfach dem Verfall preisgegeben.
Ebenso wurde die eine der beiden lateinischen Kirchen in Pera
(S. Paolo) zur Moschee (Arap Camii), während die Benedikti-

ner-Kirche bis heute den Christen römischen Glaubens verblieb (St. Benoît). Insgesamt blieben unversehrt oder in Ruinen 46 byzantinische kirchliche Einrichtungen erhalten, aber nur 25 davon sind zweifelsfrei mit ihrem byzantinischen Patrozinium zu identifizieren, während wir bei den übrigen den ursprünglichen Namen entweder überhaupt nicht wissen oder sich mehrere Möglichkeiten einer Identifikation ergeben. Kaum eine schriftliche Quelle erlaubt eine sichere Lokalisierung der Kirchen. Sie werden vielfach in der liturgischen Folge der Prozessionswege genannt, so daß wir daraus nur auf ihr topographisches Verhältnis zueinander schließen können. Auch die häufige Hinzufügung von Quartierbezeichnungen (etwa besonders in den *Patria*) hilft kaum weiter, da wir diese ebensowenig genau festlegen können.

Es ist ein immer noch verbreiteter Irrtum anzunehmen, Konstantin habe eine christliche Stadt (im Gegensatz zum «heidnischen» Rom) geplant. Er ließ die einzige bestehende Kirche, Hagia Eirene, erweitern. Planungen zum Bau der Sophienkirche hat es wohl unter Konstantin gegeben, doch spricht bereits eine Reihe von Gründen dagegen, daß zu seiner Zeit auch mit dem Bau der Apostelkirche begonnen worden war. Wichtiger war freilich, ganz im Sinn eines antiken Herrschers, die Errichtung eines Mausoleums, in dem diese bautechnisch kaiserliche Bestattungsform, später allerdings in enger Verbindung mit dem Kirchenbau der Apostelkirche, bis ins 11. Jahrhundert fortlebte. Weder von einer christlichen Stadt*planung* noch von ihrer Umsetzung kann unter Konstantin die Rede sein. Allein die Bevölkerung, die nach 330 aus allen Landesteilen zuzog, war überwiegend christlich, wie auch der Hinweis des Johannes Chrysostomos von 100 000 Christen um 400 (S. 70) zeigt. Kirchenbau in größerem Umfang beginnt erst Ende des 4. Jahrhunderts unter Theodosios I., der auch sonst eine bewußt antiheidnische Politik verfolgte, und besonders unter dem Einfluß seiner frommen Tochter Pulcheria. Einige Novellen Justinians lassen für das ganze Reich, insbesondere aber für die Hauptstadt, eine bewußt christliche Baugesetzgebung erkennen, die auch den Unterhalt kirchlicher Institutionen von Staats wegen regelt. In der

Verbindung des Neubaus der Hagia Sophia mit den anschlie-
ßenden Wohn- und Amtsgebäuden des Patriarchats und dem
Kaiserpalast wird auch die Idee des sakralen Kaisertums in die
Stadtplanung miteinbezogen und gleichzeitig bis zu einem gewissen Grad abgeschlossen.

Das kirchliche Leben byzantinischer Städte, das man in erster
Linie in Konstantinopel wegen der hier relativ günstigen Quel-
lenlage verfolgen kann, entwickelte sich in vielen Bereichen anders als im Westen. Im Falle Konstantinopels kommt noch im
besonderen hinzu, daß das alte Byzantion nur zwei Märtyrer
aufweisen konnte – den hl. Mokios und den hl. Akakios. Die
Sammlung der Lokalgeschichten *(Patria)* bringt eine große Anzahl an Beispielen, die den providentiellen Ursprung vieler Kirchengründungen hervortreten lassen: Kaiserin Theodora – die
Gattin Justinians – stiftete dem hl. Panteleemon dort eine Kirche, wo sie einst bei der Ankunft in der Kaiserstadt als armes
Mädchen lebte; eine andere Kaiserin Theodora (im 9. Jahrhundert) gründete dort eine Kirche (der hl. Anna geweiht), wo ihr
Pferd zweimal stolperte. Die Reliquien des hl. Stephanos, die
mit dem Schiff bis ans Goldene Horn gebracht worden waren,
sollten ursprünglich in der Apostelkirche niedergelegt werden.
Doch an einer bestimmten Stelle auf dem Weg dorthin (die wir
nicht mehr lokalisieren können) weigerten sich die Ochsen wei-
terzuziehen, so daß man also dem Heiligen an diesem Ort die
Kirche errichten mußte. Die Erklärungen sind natürlich größtenteils legendär, betonen aber sehr schön die Zufälligkeit der
Gründungen, die eben gerade nicht auf Planung beruhten, sondern einem letztlich emotionalen Erlebnis entsprangen, das natürlich auch Patrozinien im lateinischen Westen nicht fremd ist.

Immerhin bedurften auch solche Kirchenbauten für ihre Rea-
lisierung finanzieller Mittel. Viele, vor allem frühe Kirchen des
5. und 6. Jahrhunderts wurden auf dem eigenen Grund des Stifters errichtet und lassen dies in der Überlieferung im Beinamen
erkennen: die (Johannes) Prodromos-Kirche auf dem Besitz des
(Patriziers) Studios ebenso wie die Theodoros-Kirche auf dem
Besitz des Sphorakios. Im Grunde genommen gehen alle Kirchen in Konstantinopel – sogar die Hagia Sophia als Gründung

Justinians – auf private Initiative zurück, doch mußte in vielen Fällen zu diesem Zweck erst ein Grundstück erworben werden. Die Stiftungen sollten aber auch (durch kaiserliche Gesetzgebung) in ihrem Bestand gesichert werden wegen der nicht gerade geringen Kosten für Kerzen und Öl sowie für Sänger und Priester, welche die Liturgie gestalteten. Um die Ausgaben gering zu halten, waren die Maße der meisten Kirchen – ausgenommen die Stiftungen der Kaiser und der hohen Hofaristokratie – oft recht bescheiden. Aber selbst unter diesen Voraussetzungen war die gestiftete Summe oft bald aufgebraucht. Die Kirche oder das Kloster verfiel, wenn kein neuer Stifter die Fürsorge übernahmen. Dies erklärt die Kurzlebigkeit vieler Institutionen, die daher oft nur ein einziges Mal in den Quellen erwähnt werden. Von den frühen Gründungen blieben ohne Unterbrechung nur wenige Kirchen bis in die letzten Tage der byzantinischen Stadt erhalten – so die Hagia Sophia, die Eirenenkirche, H. Sergios u. Bakchos, die Apostelkirche oder die Studiu-Kirche mit dem Kloster. Einen großen Einschnitt stellt die lateinische Eroberung 1204 dar, die fast alle Kirchen und Klöster, die nicht vom lateinischen Klerus genutzt wurden – wie etwa die Hagia Sophia oder die Pantokratorkirche – im Laufe von 60 Jahren zu ausgeplünderten Ruinen werden ließ.

Hinter dem Bau dieser Kirchen steht auch ein teilweise anderes Kirchenverständnis als im lateinischen Westen. Sie waren vielfach als Gebetsstätte und Andachtsstätte einer Familie gedacht und werden oft auch nur als «Bethaus» *(eukterion)* bezeichnet, wenngleich manche dieser «Hauskapellen» später zu größeren Kirchen erweitert und fortan auch den Bewohnern der Umgebung zugänglich gemacht wurden. Der Stadtbewohner – in den kleineren Städten der Provinz fiel die «Auswahl» an verfügbaren Gotteshäusern natürlich viel bescheidener aus – war aber nicht unbedingt mit der Kirche in seiner Nähe verbunden, sondern mit der eines bestimmten Heiligen (etwa seines Namensheiligen), auch wenn er zum Besuch des Gottesdienstes längere Wegstrecken dorthin zurücklegen mußte. Es war aber oft auch der Wunsch des Stifters, einen ihm wichtigen Heiligen zu ehren und an einer ihm, dem Stifter, passenden Stelle die

Kirche zu errichten, etwa weil ihm dort ein bestimmtes Terrain gehörte. Das pastorale Interesse der Bevölkerung in einer Region war immer dem des Stifters untergeordnet. Byzanz kennt, auch vom Kirchenrecht her, den Begriff der Pfarrkirche oder des Pfarrsprengels nicht, und dies spiegelt sich auch in der kirchlichen Topographie Konstantinopels. Ein Kirchenbau auf Initiative der Bürger im Sinne eines Kollektivs, das viele gotische Kirchen des Westens entstehen ließ, ist im byzantinischen Kirchenverständnis nicht denkbar.

«Konstantinopel hat viele Kirchen, die alle der Hagia Sophia nicht gleichkommen» sagt der Kreuzfahrerhistoriker Odo von Deuil, und charakterisiert damit nicht zuletzt den architektonischen Eindruck. Die meisten Kirchen waren, wie bereits betont, stets von kleineren Ausmaßen, lagen an versteckten Stellen und bestanden, der Tradition folgend, aus Ziegelmauerwerk mit bescheidener Zierornamentik, die erst in spätbyzantinischer Zeit stärker hervortritt. Ihre ganze Pracht an Marmorinkrustation, Mosaik und Malerei entfaltete sich nur im Innern, wo sie – einer lange tradierten theologisch-ästhetischen Mystik folgend – zum Abbild des Kosmos wird. Da der Gebrauch der Glocke bis in die letzten Jahrhunderte weithin unbekannt war, ziert die Kirchen auch kein Glockenturm, um sie schon von Ferne als christliche Bauwerke erkennen zu lassen, und nur selten lagen sie auf freier, erhöhter Position, wie die Hagia Sophia, die Apostelkirche oder die Peribleptos-Kirche.

Das kirchliche Leben vollzog sich allerdings nicht nur in den Kirchenräumen, sondern wurde, wie bereits verschiedentlich erwähnt, durch Prozessionen auch nach außen getragen. Obwohl Konstantinopel eine ganze Fülle gleicher Patrozinien hatte – 136 Kirchen der Gottesmutter, 31 Christi, 35 Johannes des Täufers und 11 des hl. Stephanos, um nur einige Beispiele zu nennen – waren die Prozessionen an den jeweiligen Heiligentagen immer mit denselben Kirchen verbunden, die uns aus einem liturgischen Text des 10. Jahrhunderts bekannt sind. Sie nehmen ihren Ausgang fast alle an der Hagia Sophia. An hohen Festtagen nahmen der Patriarch und, wenigstens ein Stück des Weges, auch der Kaiser teil. Leider werden die Prozessionswege

nicht beschrieben, sondern es ist mit bisweilen einer Zwischenstation nur die Patroziniumskirche genannt, in der am Ende die
Liturgie gefeiert wurde. Man kann aber annehmen, daß möglichst lange Wegstrecken auf den großen, gepflasterten Hauptstraßen zurückgelegt wurden, die auch den Zuschauern genügend Platz boten, ehe man zum eigentlichen Heiligtum abzweig-
te. Vielleicht wegen der hügeligen Lage – obwohl diese etwa in
Rom kein Hindernis darstellte – gab es keine Prozessionen im
Rundkurs, so daß sich der Festzug also auf derselben Strecke
auch wieder zurückbewegte. Als Zwischenstation wird häufig
das Konstantinsforum genannt, das durch eine Konstantinska-
pelle an der Säule des Stadtgründers auch eine liturgische Funktion erhalten hatte. Aber vielleicht sollte durch diese Führung
des Prozessionsweges doch auch die Verbindung von Kirche
und Staat demonstriert werden. Die Vermutung, durch die Prozessionen sei im Laufe des Kirchenjahres das ganze Stadtgebiet
«abgegangen» worden, ist ansprechend, aber nicht beweisbar.
Die Prozessionen mußten manchmal erhebliche Distanzen zurücklegen, etwa 10 km am 9. Juli bis zur «Muttergotteskirche
an der Quelle», außerhalb der Theodosianischen Mauer gelegen, oder sechsmal im Jahr zur Blachernenkirche, was etwa
6 km ausmachte oder mehr, besonders wenn man nicht den Ufer-
weg nahm, sondern über das Forum zog und die Mese wählte.
Unsere liturgische Quelle aus dem 10. Jahrhundert erwähnt
nicht weniger als insgesamt 68 Prozessionen. Das bedeutet, daß
sich etwa an jedem fünften Tag ein kirchlicher Zug durch die
Stadt bewegte. Auch wenn ein mittelalterlicher Staat keine modernen Regelungen der Arbeitszeit kannte, so mußte die hohe
Anzahl an Festen, die in vielen Kirchen Konstantinopels zu feiern waren, das Funktionieren des staatlichen Lebens, besonders
in der Rechtsprechung und bei den Behörden, beeinträchtigen.
Kaiser Manuel I. erließ daher eine Verordnung, die besonders
für die Hauptstadt relevant war. Demnach wurde die Zahl ar-
beitsfreier Wochentage auf 35 im Jahr begrenzt und zudem
ruhte die Tätigkeit an allen Christusfesten sowie in der Zeit zwischen dem 20. Dezember und 6. Januar. Unter diese Regelung
fielen immerhin noch 20 der insgesamt 68 Prozessionstage.

3. Reliquien und Pilger

Die Geschichte der Reliquien in Konstantinopel ist noch nicht geschrieben. Sie ist auch ganz im Zusammenhang mit der Entwicklung der Reliquienverehrung zu sehen, die im byzantinischen Reich und damit auch in der Hauptstadt (trotz einiger herausragender Beispiele im 5. Jahrhundert) im besonderen erst mit dem Ende des Bilderstreites (843) öffentliche Bedeutung erhielt. Die frühen Kirchengründungen besaßen kaum andere als Reliquien des Patroziniumsheiligen, die von den verschiedenen Märtyrerstätten des Ostens – es gab kaum Kirchen, die westlichen Heiligen geweiht waren – in das jeweilige Gotteshaus gebracht werden mußten. Der mit dem Sieg der Bilderfreunde in der Mitte des 9. Jahrhunderts verstärkt propagierte Heiligenkult kam dem Wunsch breiter Volksschichten ebenso entgegen wie den Kaisern, die im Erwerb und Besitz von Reliquien ein Mittel zur Erlangung himmlischer Unterstützung sahen. Die in den Kirchen des Hofareals aufbewahrten Reliquien waren Heiltümer des Staates und sind überwiegend nur illustren Gästen gezeigt worden. Darunter war an erster Stelle das heilige Tuch, in dem Christus der Legende nach sein Gesicht eingeprägt hatte. Es war 944 nach der Eroberung des syrischen Edessa im Triumph nach Konstantinopel gebracht worden und erst nach 1204 verlieren sich seine Spuren. Aber auch dem einzelnen privaten Pilger und Besucher der Hauptstadt blieben noch genügend wichtige Verehrungsobjekte zugänglich. Schon im 11. Jahrhundert gab es Kataloge über die Reliquien in den Kirchen; diese Listen waren auch zur Verbreitung im lateinischen Westen angefertigt worden und sollten vermehrt Gläubige nach Konstantinopel locken. In einem Sendschreiben, das Anfang des 12. Jahrhunderts in lateinischen Quellen erstmals auftaucht, heißt es: «Dort (d. h. in Konstantinopel) befinden sich die teuersten Reliquien des Herrn: die Säule, an die er angebunden war; die Geißel, mit der er geschlagen wurde; das rote Gewand, mit dem er bekleidet war; … die Nägel, mit denen er angenagelt war; … das ganze Haupt Johannes des Täufers mit Haaren und Bart …»

Angesichts der vielen Kirchen besaß jede nur einzelne ver-
ehrungswürdige Teile, aber je größer ihre Stückzahl insgesamt
war, je bedeutender der Heilige, dem sie zugeschrieben wurden,
desto stärker war die Kirche besucht. Es gab im 12. Jahrhundert
in keiner Stadt der christlichen Welt so viele Reliquien wie in
Konstantinopel. Nicht zu Unrecht wird in der Forschung die Eroberung 1204 auch mit dem Wunsch in Verbindung gebracht,
in den Besitz heiliger Gegenstände zu kommen. Bekanntlich ist
dieses Ziel weitgehend erreicht worden. Trotzdem wurden seit
der 2. Hälfte des 13. Jahrhunderts die Kirchenschätze der Stadt
wieder rasch aufgefüllt, wenngleich die wertvollsten Christusre-
liquien für immer verschwunden blieben. Die russischen Pilgerberichte, aber auch Reiseaufzeichnungen westlicher Diplomaten
zeigen, daß sich die nun freilich auf etwa 40 reduzierten Pilger-
stätten weiterhin großer Verehrung erfreuten.

Konstantinopel war aber vor allem die wichtigste Durch-
gangsstation für die Pilger ins Heilige Land, und wer, wie die
allermeisten unter ihnen, den Landweg wählte, konnte schon
allein vom Aufbau des Wegenetzes her die Stadt gar nicht umge-
hen. Inwieweit Konstantinopel selbst bereits alleiniges Ziel war,
läßt sich schwerlich ausmachen. Die Stadt besaß, wie gezeigt,
mehr Reliquien, als sie in ganz Palästina zu finden waren, aber
für den Pilger kam es auf den Besuch der Stätten selbst an, wo
Christus und die Propheten gelebt hatten. Bis ins 11. Jahrhundert sind Namen von Pilgern selten überliefert: Der erste ist der
rätselhafte Arculf, «Bischof von Gallien», der um 675 von Reliquien und Wundererzählungen berichtet. Die Pilger lebten in
den vielen Hospizen der Stadt, die meist Klöstern angeschlossen
waren, aber vielleicht auch in Privatquartieren, wie dies in den
Städten des Heiligen Landes der Fall war, und scheinen sich
kurz, maximal eine Woche, dort aufgehalten zu haben. Der
Russe Stephan von Novgorod (1348/49) hat in dieser Zeit
28 Kirchen besucht, die oft lange Wegstrecken über die ganze
Stadt hinweg trennten. Solch ein Besuchsprogramm zu bewälti-
gen war nur mit Hilfe von sprachkundigen Führern und in Gruppen möglich, was auch eine gewisse Überwachung der Pilger
durch den Staat miteinschloß. Im 11. Jahrhundert scheint den

Bewohnern der amalfitanischen Niederlassung diese Aufgabe zu-
gefallen zu sein, und sie übersetzten auch einen griechischen Re-
liquienkatalog ins Lateinische. Inwieweit Konstantinopel auch
ein Ziel von Pilgern (außer Mönchen) aus dem byzantinischen
Reich selbst war, darüber fehlen uns konkrete Hinweise.

4. Berühmte Kirchen und Klöster

Unter den mehr als 500 Kirchen und Klöstern kommt kaum
mehr als zwei oder drei Dutzend aus kunsthistorischen, allge-
mein-historischen oder kulturgeschichtlichen Gründen eine her-
ausragende Bedeutung zu. An erster Stelle in den Augen der Byzantiner und aller Fremden steht die *Hagia Sophia*, die Kirche
der göttlichen Weisheit, die «große Kirche», in jener Form, in
der sie Kaiser Justinian zwischen 532 und 537 neu errichten
ließ. Kein anderer Kirchenbau ist so oft beschrieben und erwähnt worden: etwa gleich nach der Errichtung als Thema des
ersten Kapitels im *Buch über die Bauten* des Prokop und in den
epischen Versen des Hofdichters Paulos Silentiarios. Unzählige
Legenden, von den Anfängen bis in osmanische Zeit, ranken
sich um das Bauwerk, dessen architektonische Durchführung
Zeitgenossen und spätere Generationen nicht mehr verstehen
konnten. Die Erzählung vom Bau der Hagia Sophia aus dem
9. Jahrhundert weiß zu berichten: Justinian «schrieb an alle
Strategen, Satrapen, Richter und Steuereinnehmer der Provinzen, um nach Säulen und Pfeilern, Platten und Schranken und
Altarabgrenzungen zu suchen sowie nach Materialien, die für
die Kirchenkonstruktion nützlich sind». Die Herkunft der inneren Bauteile aus allen Regionen der bekannten Welt hebt auch
das Gedicht des Paulos Silentiarios hervor, und was zunächst
nur als Lob des Herrschers klingt, wird in der Sache von der
modernen Materialforschung bestätigt. Die Texte, noch mehr
als die Realität, verweisen auf die ideologische Intention des
Bauvorhabens: Für die Hauptkirche des Erdkreises wurden Materialien aus der ganzen Welt verwendet, und Handwerker aus
allen Teilen der Erde sollten daran mitwirken.

Während viele bauliche Einzelheiten der Hagia Sophia heute

noch sichtbar sind, ist die *Apostelkirche*, deren Bedeutung für die Kaiserideologie jene der Hagia Sophia vielleicht noch überstieg, bis auf die Grundmauern zerstört. Auch in diesem Fall hat Justinian den alten Bau des 4. Jahrhunderts, der nicht auf Konstantin, sondern auf dessen Sohn Konstantios zurückgeht, abreißen und eine neue Kirche errichten lassen. Während die ältere Forschung annahm, daß die von Mehmed dem Eroberer erbaute Moschee (Fatih Camii) genau über deren Grundriß errichtet worden sei, postulieren neuere Untersuchungen berechtigterweise die Lage der einstigen Apostelkirche wenig östlich vor der Moschee, wobei mehrere Varianten diskutiert werden. Verschiedene Baubeschreibungen aus byzantinischer Zeit erweisen als sicher, daß ihr Grundriß die Form eines griechischen Kreuzes mit gleich langen Armen hatte. Für die Byzantiner lag die Bedeutung der Kirche in Annexbauten aus der Zeit Konstantins und Justinians, die mit dem Kircheninneren in Verbindung standen, da dort, nicht in der Kirche selbst, bis ins 11. Jahrhundert die Mitglieder der byzantinischen Kaiserfamilie bestattet wurden. Nicht nur die topographisch beherrschende Lage auf dem Hügel, sondern auch der unter dynastischen Gesichtspunkten heilige Ort mag Mehmed bewogen haben, hier die seinen Namen tragende Moschee zu errichten.

Die in Konstantinopel – als dem Schutz der Gottesmutter anvertraut – besonders stark ausgeprägte Marienverehrung spiegelt sich in den 136 der Muttergottes geweihten Kirchen, von denen einige im Leben der Stadt und des gesamten Reiches eine besondere Rolle spielten. Ohne Zweifel an erster Stelle ist hier die *Theotokos-Kirche* (Gottesgebärerin) im *Blachernenviertel* im äußersten Nordwesten der Stadt zu erwähnen, die auch (ebenso wie die Hagia Sophia) anderen Kirchen im byzantinischen Reich ihren Namen lieh. Ihr Ikonenbild hat, der Legende nach, 626 die Stadt vor dem Ansturm der Awaren gerettet, und später beherbergte sie die wichtigsten Marienreliquien. Als sich seit Ende des 11. Jahrhunderts der kaiserliche Hof mehr und mehr in dieser Gegend ansiedelte, wurde sie auch als eine Art Hofkirche, neben der Hagia Sophia, in das kaiserliche Zeremoniell miteinbezogen.

Endziel der Festtagsprozessionen war zumeist die der Hagia Sophia nahegelegene Kirche der *Muttergottes* im *Viertel der Kupferhandwerker (Chalkoprateia)* (siehe Abb. 8, S. 115). Durch ihre beherrschende Lage auf einem Plateau des fiktiven siebten Hügels fiel die Kirche der *Theotokos Peribleptos* («die ringsum gesehen werden konnte») allen auf, die sich vom Marmarameer her der Stadt näherten. Der glanzvolle Innenschmuck, welchen die verschiedenen Kaiser der Makedonen- und Komnenendynastie anbringen ließen, wurde 1204 zerstört, scheint aber von den Paläologenkaisern wieder ähnlich prachtvoll erneuert worden zu sein, wie aus der sachkundigen Beschreibung des Spaniers Ruy González de Clavijo (1403) zu ersehen ist. Über einen Teil der Grundmauern ist heute die Kirche des armenischen Patriarchats errichtet, die allerdings von der einstigen Pracht nichts erahnen läßt. Die gewaltigen Substruktionen der Kirche sind erst jüngst entdeckt worden. Die *Muttergotteskirche der Weggeleiterin (Hodegetria)* war weitbekannt durch eine Marienikone, deren Maler angeblich der Apostel Lukas gewesen war, dem unsichtbar die Hand geführt wurde *(acheiropoietos)*. Sie war eine der am meisten verehrten Kultgegenstände der Stadt und wurde – dem ikonographischen Typus nach – ein Vorbild für die gesamte orthodoxe Welt. Diese Kirche lag, zusammen mit dem gleichnamigen Kloster, zwischen dem heutigen Mosaikenmuseum und der Eisenbahnlinie, wie jüngste Grabungen vermuten lassen.

Auch das Palastareal besaß mehrere kleinere Kirchen, die der Öffentlichkeit nicht allgemein zugänglich waren. Als eigentliche Palastkirche galt seit ihrer Restaurierung durch Michael III. um 864 die *Theotokos-Kirche* beim Leuchtturm (der heute noch sichtbar ist), die nicht nur durch ihren luxuriösen Innenschmuck (von einem arabischen Reisenden genau beschrieben) herausragte, sondern durch ihren Reliquienschatz, der dem keiner anderen Kirche vergleichbar war.

Obwohl die Zurückgezogenheit mönchischen Lebens nur schwer zu solchen Ansiedlungen in einer Großstadt zu passen scheint, gehört Konstantinopel mit etwa 320 Klöstern (im Gesamtzeitraum), die überwiegend in Verbindung mit Kirchen standen, zu den großen Mönchszentren des byzantinischen Reiches. Die Mönche stellten ein eigenes soziales Element im Leben der Stadt dar – ein Thema, welches in neuerer Zeit noch keine zusammenfassende Darstellung erfahren hat. Die Anfänge des Klosterwesens gehen allerdings nicht, wie die legendären Notizen in den *Patria* es behaupten, auf Konstantin den Großen zurück, sondern liegen erst in der Regierungszeit Theodosios' I. (379–395). Mit den Klöstern waren vielfach Hospize und Krankenhäuser verbunden, wie etwa das berühmte Krankenhaus am Pantokratorkloster (1136). In Konstantinopel waren aber häufig – entgegen der sonstigen allgemeinen Entwicklung im orthodoxen Osten – in den Klöstern Schreib- und Buchkunstschulen eingerichtet. Von besonderer Bedeutung war dabei das Studiu-Kloster (gegründet in der 2. Hälfte des 5. Jahrhunderts), das im 9. Jahrhundert zum Träger und Verbreiter einer neuen Schriftform – der Minuskel – wurde und durch sein Skriptorium, aber auch durch eine strenge Klosterregel vorbildhaft für Klostergründungen in der slavisch-orthodoxen Welt war. Es sind jedoch in diesem Zusammenhang auch die Konvente der Franziskaner und der Dominikaner seit dem 13. Jahrhundert in Pera/Galata zu erwähnen, die einen erheblichen Beitrag zur Kenntnis und Verbreitung der lateinischen Literatur in Konstantinopel leisteten. Die baulichen Reste der Klöster sind fast ausnahmslos völlig verschwunden, während verschiedene der einst mit ihnen verbundenen Kirchen als Moscheen erhalten blieben – so etwa Studiu, Pantokrator oder Pammakaristos.

VII. Der geistige Mittelpunkt:
Bildung und Gelehrsamkeit

I. Die historische Entwicklung

Konstantinopel war im Mittelalter im byzantinischen Reich selbst, in den Ländern des Abendlandes und auch in den frühen Jahrhunderten des Kalifats als Hort der Bildung und des Wissens unangefochten führend. Es ist aber weit weniger bekannt, daß die Stadt diese Rolle erst in einem sich langsam vollziehenden Prozeß übernommen hat, der Parallelen zu anderen bereits dargelegten Erscheinungen aufweist und stark von der politischen Entwicklung beeinflußt wurde. Man vergißt leicht, daß die Hauptstadt auf den Mauern einer kulturell unbedeutenden Provinzstadt des östlichen römischen Reiches gegründet wurde. Die Hofrhetorik des 4. Jahrhunderts wollte diese Tatsache allerdings nicht mehr wahrhaben und reklamierte bereits für das frühe Konstantinopel in pompösen Worten, an die auch noch viele moderne Autoren glauben, den Rang einer Kulturmetropole, zu der sie erst in späteren Jahrhunderten wurde. Nirgendwo anders als im Bereich intellektuellen Lebens wiegt die Tradition so stark und ist ein Neuanfang so schwierig. Bis 529 stand Konstantinopel im Schatten der ehrwürdigen Athener Akademie, ehe Justinian diese auflöste, ohne daß es ihm freilich gelungen wäre, die dort tätigen Lehrer in Konstantinopel anzusiedeln. Die großen Schulen und Bibliotheken befanden sich weiterhin im Osten: Antiocheia, Alexandreia, Berytos, Kaisareia und Gaza. Dort waren auch die theologischen Schulen mit ihren Schätzen an patristischer Literatur, in denen die Grundlagen der orthodoxen Lehrmeinung entwickelt wurden. Mit der arabischen Eroberung kamen diese Institutionen in den Rechtsbereich des Kalifats und verloren rasch an Einfluß und Bedeutung. Dadurch hatte Konstantinopel kampflos gesiegt. Aber gerade dieser Augenblick war nicht der glücklichste, um den vertriebenen Musen in der Hauptstadt jene Bedeutung zu verschaffen, die sie an ihren alten Stätten besessen hatten. Die kriegerischen Auseinandersetzungen auf dem Balkan und in Kleinasien, die mehrfachen Angriffe auf die Stadt selbst waren gewiß kein Nährboden für eine außergewöhnliche kulturelle Entwicklung, die vielmehr erst eintrat, als um die Mitte des 9. Jahrhunderts mit der Befriedung des Balkan und den Erfolgen gegen die Araber in Kleinasien auch die politischen Grundlagen für die Verbreitung der konstantinopolitanischen Stadtkultur geschaffen wurden. Aber gerade dieser Aufschwung zeigt, wieviel geistiges Potential – verborgen und auch für die Forschung schwer erweisbar und daher vielfach schlichtweg geleugnet – sich trotzdem in den vorausgegangenen Jahrhunderten dort angesammelt hatte.

Mit der Eroberung durch die Kreuzfahrer 1204 verlor die Stadt schlagartig ihre intellektuelle Führungsposition und konnte sie auch nach der politischen Stabilisierung seit 1261 nicht mehr in früherem Umfang wiedergewinnen. Es entwickelte sich nun im ganzen Reich eine bescheidene Stadtkultur (besonders in Trapezunt, Thessalonike, Mistras in der Peloponnes), die zwar Konstantinopel zum Vorbild nahm, jedoch auch eigenständige Leistungen in Kunst und Literatur und selbständige Formen der Ausbildung entwickelte. Die absolute Mittelpunktfunktion Konstantinopels war gebrochen.

2. Konstantinopel und die Provinz

War Konstantinopel wirklich der unbestrittene Mittelpunkt? Das Urteil der Zeitgenossen läßt daran wenig Zweifel. Ein Faktum bleibt, daß die Hauptstadt immer im Austausch mit der Provinz stand, besonders im Rahmen der mönchischen Migration. Bis ins 9. Jahrhundert hat auch die Schriftkultur der Provinz die hauptstädtische Entwicklung beeinflußt, ehe diese dann weitgehend normativ für das ganze Land wurde. Im Bereich der Kunst und der Architektur gab immer Konstantinopel die entscheidenden Impulse nach außen, oft auch über die politischen Grenzen des Landes hinaus. Die in den Quellen schwer faßbare

Bedeutung der Provinz für eine breitere kulturelle Entwicklung im byzantinischen Reich sollte nicht zu gering veranschlagt werden, sie ändert aber, gerade im entscheidenden Zeitraum vom 9. zum 12. Jahrhundert, wenig an der grundsätzlichen Mittelpunktfunktion, die in zweierlei Hinsicht besonders wirkungsmächtig war: die finanzielle Kraft des Hofes, in bescheidenerem Umfang auch des Patriarchats, und die wehrhaften Mauern, die von 330 bis 1204 und nach 1261 fast weitere 200 Jahre nicht nur die Menschen schützten, sondern auch Institutionen und kulturelle Güter.

3. Die Ausbildung, Institutionen, Gebäude

Ausbildung im Zusammenhang dieser Darstellung meint nicht den Erwerb elementarer Grundlagen des Lesens und Schreibens, sondern die Aneignung des Kanons der sieben freien Künste, in Byzanz als *enkyklios paideia* bezeichnet – «allgemeine Bildung», nicht mißzuverstehen als «Kreis der Wissenschaften». Diese Ausbildung (de facto überwiegend nur Grammatik und Rhetorik) wurde von allen verlangt, die eine Funktion im Staat übernehmen wollten. Seit dem 7. Jahrhundert bis in das 13. Jahrhundert haben wir keine Hinweise mehr, daß der diesbezügliche Unterricht an einer anderen Stelle als in Konstantinopel durchgeführt wurde – oder jedenfalls nur selten und dann an Orten, die den Studierenden keine Chance boten, in die führenden Kreise der Hauptstadt aufzusteigen. Daneben gab es von Zeit zu Zeit auch höhere Schulen, die speziell dem Unterricht in Rechtswissenschaften und Medizin dienten und die wir ebenfalls nur in Konstantinopel antreffen. Am entscheidendsten aber für den Charakter Konstantinopels als Bildungsmetropole waren die privaten Zirkel und Schulen von Gelehrten, in deren Händen die eigentliche Kontinuität der (im übrigen nur profanen) Ausbildung lag. Alle diese Institutionen haben in ihrer Organisation nichts und in ihrem «Lehrinhalt» wenig mit der Universität des mittelalterlichen Westens gemein, sondern führten weit eher die Tradition der antiken Akademien fort. Es gab, entgegen vieler falscher Behauptungen in der Literatur, nie eine

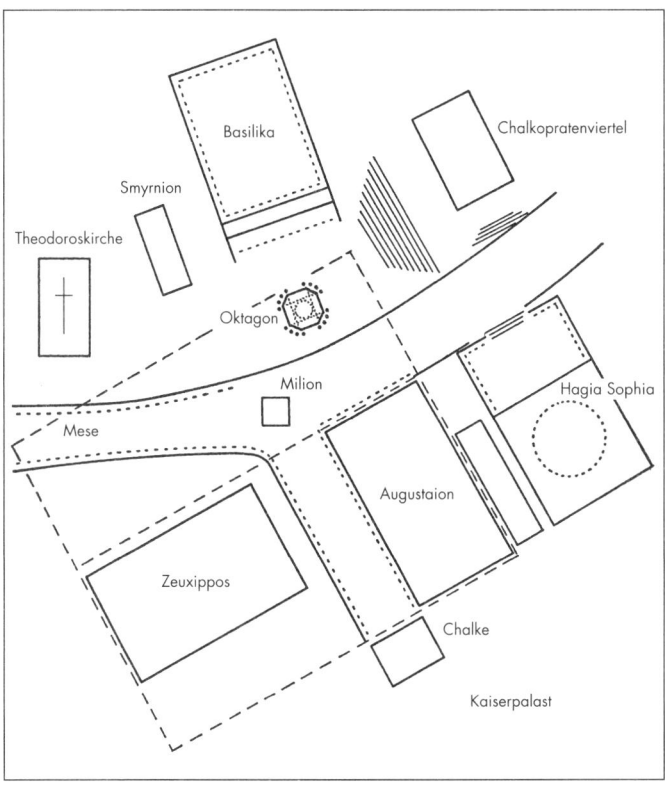

Abb. 8: Lageplan der Hohen Schulen an der Basilika
und im Oktagon (nach Speck)

«staatliche Universität», sondern nur private Gründungen Höherer Schulen, die manchmal von kaiserlichen Gesetzen in ihrer Gestaltung beeinflußt und in ihrem finanziellen Erhalt abgesichert wurden. Vor allem hatten solche universitätsähnlichen Gründungen größeren Stils nur eine begrenzte Überlebensdauer und hingen – wie manche moderne Privatuniversität – von der Gunst und Finanzkraft des Sponsors ab. Bis zum Jahr 425, als Kaiser Theodosios II. die Lehrtätigkeit unter staatliche Aufsicht stellte, wurde der Unterricht überwiegend in der «kaiserlichen Säulenhalle» (*Basilike Stoa*) durchgeführt, die sich an der Stelle der heute noch erhaltenen Zisterne, dem sogenannten Yereba- tan Sarayı, befand (Abb. 8, S. 115). Ein Großteil des Unterrichts wurde dann in das Kapitol, das wohl bereits Konstantin errich- tet haben dürfte, verlegt. Es befand sich an der Gabelung der Mese, etwa an der Stelle der heutigen Laleli Camii (vgl. Abb. 2, S. 24). Auf jeden Fall aber wurde die Stoa weiter verwendet, da zur Zeit Justinians dort Rechtslehrer wirkten. Wie lange die bei- den Institutionen (oder auch nur eine von beiden) aktiv waren, wissen wir nicht. Anfang des 7. Jahrhunderts ist von einer «Wie- derbelebung» der Studien unter Kaiser Herakleios die Rede. Die Ikonodulen – Bilderfreunde – erfanden die Legende, die noch Gelehrte des 20. Jahrhunderts für wahr hielten, daß Kaiser Leon III. (717–741) das Gebäude der Bibliothek – einen okto- gonalen Bau vor der Stoa – samt Lehrern niederbrennen ließ. Sicher ist aber, daß die Institution im Laufe des 8. Jahrhunderts nicht mehr weitergeführt wurde. Im fünften Jahrzehnt des 9. Jahrhunderts gründete ein hoher und einflußreicher Hofbeam- ter, der armenische Hofwürdenträger und Bruder der Kaiserin Theodora, Bardas, eine Schule, die in den Annexbauten der Magnaura untergebracht war und sich also auf dem Gelände des Hofes befand. Sie wurde vom führenden Gelehrten ihrer Zeit, dem Mathematiker Leon, geleitet und diente dem Unter- richt in einigen wenigen Fächern, so daß sie keinen «vollen» Schulcharakter besaß. Mit der Ermordung des Stifters (866) ist wohl auch diese Schule wieder verschwunden. Der gelehrte Kai- ser Konstantinos VII. Porphyrogennetos (913–959) begründete sie (zu einem unbekannten Zeitpunkt) neu und realisierte mit den Fächern Philosophie, Rhetorik und Geometrie eher private Interessen. Doch auch von dieser Schule hören wir seit der 2. Hälfte des 10. Jahrhunderts nichts mehr.

Ein neuer Typus begegnet uns mit zwei Schulen, die Kaiser Konstantin IX. im Jahr 1045 für zwei angesehene Privatgelehrte schuf und mit Mitteln dotierte: für den Juristen Johannes Xiphi- linos und den Philosophen Michael Psellos, und zwar mit einer Rechtsschule im Manganenpalast und einer Philosophieschule (unklarer Definition) in einem Palast unterhalb der Hagia Sophia im Viertel der Kupferschmiede. Beide Institutionen waren *ad personam* geschaffen und existierten schon in den letzten Jahrzehnten des Jahrhunderts nicht mehr. Im 12. Jahrhundert ist in größerer Zahl ein Typus von Unterrichtsstätten nachweisbar, die vereinzelt auch schon früher existierten und auf kaiserlichen Stiftungen basierten: Schulen in den Annexen der Apostelkirche, verschiedener anderer Kirchen und einiger großer Klöster, an denen auch gelehrte Kirchenmänner die weltlichen Disziplinen unterrichteten.

Auch im Bereich der Bildung stellt das Jahr 1204 eine entscheidende Zäsur dar. Seit der Wiedererrichtung der Hauptstadt gibt es keinen Hinweis mehr auf eine auch nur vorübergehende zentrale Stätte der Ausbildung, doch könnten einige der schon früher an die Kirchen gebundenen Institutionen – nachweislich am Prodromos-Petra-Kloster – wiederbelebt worden sein. Der Schwerpunkt lag nun allein auf kleinen privaten Gelehrtenschulen, die ihren Ruhm auch durch theaterähnliche Veranstaltungen – den Vortrag verschiedener Gattungen der Rede – nach außen trugen. Das von Kaiser Konstantin XI. im Jahr 1448 ins Leben gerufene «Musaion» existierte entweder nur auf dem Papier oder konnte sich wegen der bedrohlichen Situation kurz vor der Eroberung der Stadt nicht voll entwickeln.

4. Bibliotheken

In einer Lobrede aus dem Jahr 357 fragt der Rhetor Themistios seine Zuhörer, ob sie wüßten, daß Kaiser Konstantios durch die Schaffung einer Schreibschule und einer Bibliothek die Stadt zu einem Handelsplatz besonderer Waren, nämlich Können *(aretē)* und Wissen *(phronēsis)* gemacht habe. Darin wird deutlich, daß Konstantinopel fast von Anfang an nicht nur ein «Sammelplatz» von Büchern war, sondern auch ein Zentrum der Kopistentätigkeit. Die Bibliothek, die als «öffentlich» bezeichnet wird, war – wie vergleichbare Institutionen in der Antike ebenfalls – nur einem ausgewählten Kreis zugänglich. Sie brannte 475 im Verlauf von Unruhen ab und soll damals 120 000 Handschriften besessen haben, doch ist diese Zahl mit großer Vorsicht zu bewerten und eher zu hoch gegriffen. Sie befand sich, wie die von Theodosios II. gegründete Unterrichtsstätte, in einem Annexbau zur Stoa, dem «Oktogon», und könnte mit einem modernen Ausdruck als Universitätsbibliothek bezeichnet werden (Abb. 8, S. 115). Über ihr weiteres Schicksal ist – von der erwähnten bösen Legende ihrer Zerstörung durch Leon III. abgesehen – kaum Konkretes bekannt. Es ist aber, auch nach dem Ende der Hochschule, anzunehmen, daß sie als eine Art «zentrale Bibliothek» bis zur Eroberung durch die Kreuzfahrer fortbestand. Da das große Feuer des Jahres 1203 (vgl. Abb. 3, S. 46) gerade auch die Zone zwischen Forum und Augustaion betraf, könnte sie damals ein Raub der Flammen geworden sein, obwohl Augenzeugenberichte darüber nicht ausdrücklich sprechen.

Eine Bibliothek im Kaiserpalast, deren genauer Ort aber nirgendwo angegeben wird, begegnet uns in den Quellen erstmals in der 2. Hälfte des 9. Jahrhunderts, doch ist nicht zu bezweifeln, daß sie schon Jahrhunderte früher existierte. Auch später wird sie nur selten ausdrücklich erwähnt. Im 15. Jahrhundert berichtet der spanische Reisende Pero Tafur von der Bibliothek im Kaiserpalast der Blachernen, und dort dürften auch – neben «Neuerwerbungen» und den schon im nikänischen Exil erworbenen Texten – jene wenigen Bücher ein Zuhause gefunden haben, die sich bis 1261 noch im großen Palast erhalten hatten.

Die Patriarchatsbibliothek, als Baukörper ein Teil des Patriarchenpalastes an der Ostseite des Augustaion und untergebracht «in gewölbten Räumen», wird anläßlich einer «Erneuerung» erstmals im 7. Jahrhundert erwähnt, doch machten die großen Konzilien des 6. Jahrhunderts schon zu einem früheren Zeitpunkt eine theologische Bibliothek nötig. Sie enthielt nicht nur theologische, sondern auch profane Werke, von denen einige noch heute vorhanden sind und einen «Besitzvermerk» tragen, wie etwa eine bedeutende Plato-Handschrift in der Vatikanbibliothek.

Zu den wichtigsten und auch relativ gut dokumentierten Trägern der Buchkultur in der Hauptstadt zählen die großen Klöster – an erster Stelle das Studiu-Kloster, das Hodegetria-Kloster und das Chora-Kloster, dessen Kirche vorrangig durch seine Mosaiken und Fresken bekannt ist. Weitgehend anonym, an Zahl aber herausragend, waren die privaten Gelehrtenbibliotheken, die durch Schreibzirkel auch zur Vermehrung des Bücherbestandes beitrugen.

Sicher darf man auch Bibliotheken und handschriftliche Tätigkeit in der Provinz nicht unterschätzen sowie den schwer nachweisbaren Zufluß an Literatur, den Konstantinopel dadurch erfuhr. Aber den großen Anziehungspunkt bildeten Hauptstadt und Hof, weil nur dort die Bücher aller Gattungen wirklich gebraucht wurden. Die großen Brände haben immer wieder Lücken gerissen, die wir in ihrem Ausmaß nicht abschätzen können. Die Plünderungen 1204 verschonten größtenteils die Kaiserpaläste, die für die neuen Eroberer bestimmt waren, und für das Kriegsvolk waren Bücher nur dann interessant, wenn sie wertvolle Einbände besaßen. Die wirklichen Verluste traten eher während der folgenden 60 Jahre ein, als Klöster und Privathäuser und mit ihnen deren Bibliotheken verfielen. An der Bewahrung griechischer Bücher, die unter den Eroberern kaum jemand lesen konnte, bestand kein Interesse. Auch das Jahr 1453 bedeutete nicht das vollständige Ende der griechischen Buchkultur, die noch mehr als ein Jahrhundert lang unter osmanischer Herrschaft eine bemerkenswerte Förderung erfuhr.

5. Drehscheibe des Bildungstransfers

Man darf trotz der vorangegangenen Ausführungen nicht übersehen, daß Bildung und Gelehrsamkeit nur jenen zugänglich waren oder werden konnten, die mit der griechischen Sprache bereits vertraut waren oder sie, wie die Fremdstämmigen im Reich (Armenier, Georgier, Slaven), erlernen mußten, um im öffentlichen Leben Erfolg zu haben. In dieser Hinsicht war Konstantinopel die wichtigste interne Drehscheibe des Austausches. Dem Westen galt, vor allem im 10. und 11. Jahrhundert, Konstantinopel als Hort des Wissens, der aus Unkenntnis der Sprache aber fast allen verschlossen blieb. Schon im 10. Jahrhundert entstanden jedoch in der lateinisch-griechischen Mischkultur des Amalfitanerviertels Übersetzungen, die im Westen Verbreitung fanden. Im 12. Jahrhundert prallten im Quartier der Pisaner, von Übersetzern vermittelt, die unterschiedlichen theologischen Lehrmeinungen unmittelbar aufeinander. Auf die Bedeutung des Dominikanerordens in Pera/Galata bei der Verbreitung lateinischer Literatur seit dem 13. Jahrhundert ist schon hingewiesen worden. Aber erst die Politik der Kirchenunion im 14. und 15. Jahrhundert führte westliche Delegationen nach Konstantinopel, die in ihrer Heimat, besonders in Italien, auf die geistigen Schätze der byzantinischen Hauptstadt hinwiesen. Das Regime der intellektuell geschlossenen byzantinischen Gesellschaft war nun durchbrochen, weil man auch im Westen Griechisch lernte, und die wertvolle Ware, von der Themistios gesprochen hatte, nun auch dort begehrt war und dank dieses Transfers, bei dem auch noch andere Städte im byzantinischen Reich eine Rolle spielten, überhaupt für die späteren Jahrhunderte erhalten blieb.

VIII. Konstantinopel in der Sicht der Zeitgenossen

Die vorausgehenden Kapitel haben Konstantinopel im Licht wissenschaftlicher Forschungsergebnisse gezeigt. So soll doch nun zum Schluß auch das subjektive Bild der Zeitgenossen in wenigen Sätzen skizziert werden, obwohl diese Thematik eigentlich eine ausführliche selbständige Darstellung verdienen würde.

Die Sicht der Zeitgenossen wird ganz beherrscht von der Rhetorik des Städtelobs, das mit dem großen Redner Themistios (317–388) einsetzte und bis zum Untergang der Stadt keine nennenswerte Unterbrechung erfuhr. Fast alle großen Namen der byzantinischen Literaturgeschichte trugen zum rhetorischen Lob der Stadt bei. Die Stadt war für ihre Bewohner, um nur einige der vielen Dutzend Beinamen zu zitieren: ein Festtagsschmaus, die Schmiede des Frohsinns, eine Luxusboutique, der Herd der Gerechtigkeit, die Nährstätte der Weisheit, die Mutter alles Guten, das Auge der Welt – aber auch der Nabel der Welt, ein zweiter Olymp mit wolkenlos blauem Himmel. Ein Autor des 11. Jahrhunderts brachte all das Lob auf einen einfachen Nenner: «Konstantin hat Glück mit seiner Heimatstadt».

Im Genos des Städtelobs hatte der Tadel am eigenen Gegenstand keinen Platz. Aber auch in der übrigen Literatur ist er höchst selten. War doch Konstantinopel immer die «kaiserliche» Stadt *(basileuousa),* und eine Kritik an der Stadt hätte gleichzeitig einen Tadel des Kaisers bedeutet. Allein ein Theologe des 11. Jahrhunderts (Johannes Mauropus) wagte in einer Rede zu sagen, «daß Konstantinopel Vorbild des Übels für alle Städte und Länder der Erde ist und sie nicht weniger über allen Städten durch ihre Laster steht, als sie diese durch ihren Glanz übertrumpft».

Die Fremden bewunderten die Stadt, wenn auch mit weit weniger rhetorischem Aufwand als die byzantinischen Literaten. Sie bestaunten ihre Größe, die prächtigen Bauten, die reichen

Kleider der Bewohner und die Fülle der Reliquien, derentwegen man meist die Stadt besuchte. Sie wurde, im westlichen Roman des 12. Jahrhunderts, z. B. der Pilgerfahrt Karls des Großen, auch zum Inbegriff einer märchenhaften Wunderwelt: Sie verfügt über Glockentürme und Brücken, Pinien, Lorbeerbäume und Rosen. Zwanzigtausend Ritter befinden sich dort, gekleidet in lange Pelzroben, in der Gesellschaft von dreitausend schönen Mädchen ... Was könnte hier schlecht sein? Nur Odo von Deuil (1147) sieht, seinerseits übertrieben, die Realitäten: «Die Stadt selbst ist schmutzig und übelriechend und an vielen Plätzen zu dauernder Dunkelheit verdammt».

Konstantinopel stand aber in der Rhetorik, schon wegen der vom Genre geforderten Antithese, nicht allein. Es wurde, nicht immer, aber häufig, an Rom gemessen. So wurde der Begriff «zweites Rom» geprägt, welches das erste nachahme, und etwas später jener des «neuen» Rom, welches das alte hinter sich lasse. Rom erscheint als die Mutter, die von der Tochter übertroffen wird, und in späteren Jahrhunderten als Greisin, der man mit Verachtung begegnet: «Rom ist untergegangen, unsere Stadt aber ist angewachsen, ist jugendlich und wird bis zum Ende wachsen» (Konstantin Manasses, 12. Jahrhundert).

Eine Stadt der Wunder war Konstantinopel nicht nur für die Fremden, sondern auch für die Bewohner. Die vielen Statuen, die Paläste und Plätze mit unbekannten und geheimnisvollen Namen verlangten nach einer Deutung, welche die «Lokalgeschichten» *(Patria)* zu geben wußten. Sie fingen mündliches Erzählgut auf, verbanden es mit gelehrten oder pseudogelehrten Informationen, die – in schriftliche Form gefaßt und mit gezielten, auch propagandistischen Manipulierungen versehen – wieder mündlich weiterverbreitet wurden. Im Gegensatz zur hohen Literatur des Städtelobs sind die *Patria* ein literarisches Genos, das in der Stadt selbst entstand, nur dort verstanden wurde, und die Umgebung der eigenen Wohnung in den Mythos der Vergangenheit oder die Weissagung der Zukunft einband. Die *Patria* zeigen auch die menschliche Seite der großen Stadt, wenn beispielsweise spätere Kaiser zusammen mit den «kleinen» Leuten lebten: Die Kirche des hl. Panteleemon wurde von der (späteren)

Kaiserin Theodora (der Frau Justinians) an jener Stelle gegründet, die sie mit ihrer Ankunft in der Kaiserstadt verbindet. «Als sie aus Paphlagonien ankam, lebte sie an dieser Stelle, unter einer Portikus, wie eine Arme. Sie spann Wolle und verkaufte sie.» Oder: «Theodosios der Große, als er als armer Mann in Konstantinopel das Schiff verließ, nahm er seine Wohnung beim Seilehersteller Rufin.» Was für uns Legende ist, war für den Bewohner der Stadt Realität und Trost im Alltag.

Die *Patria* führten dem Bewohner aber auch die Gefährdung der Stadt vor Augen und weissagten ein apokalyptisches Ende: «Der Palast der Bryas wird so benannt, weil man dort das biblische Zähneknirschen (griechisch *brygmos*) hören wird. Wenn der letzte Kaiser, auf Gottes Befehl hin, die Stadt verlassen wird und sich nach Jerusalem begibt, um dort Diadem und Königsherrschaft über die Rhomaier niederzulegen, wird er auf dem Bryas-Hügel den Schrei und das Zähneknirschen des Volkes hören, das dort bleiben muß, während die Stadt im Meer zu versinken beginnt». Das Motiv begegnet in vielen Endzeitprophetien, die dem Bewohner vor Augen führen, daß ihr Schicksal ganz an jenes des Kaisers gebunden ist, und sie in einer besonderen Stadt leben, deren Untergang das Ende der Zeiten verkündet: Götterdämmerung am Bosporus.

Kurzbibliographie

Allgemeine Werke

F. A. Bauer, Stadt, Platz und Denkmal in der Spätantike. Untersuchungen zur Ausstattung des öffentlichen Raums in den spätantiken Städten Rom, Konstantinopel und Ephesos, Mainz 1996

A. Berger, Konstantinopel (stadtgeschichtlich), in: Reallexikon für Antike und Christentum, 21 (2005), Sp. 435–483

A. Berger, Untersuchungen zu den Patria Konstantinupoleos, Bonn 1988

G. Dagron, Constantinople imaginaire. Études sur le recueil des Patria. Paris 1984

G. Dagron, Naissance d'une capitale. Constantinople et ses institutions de 330 à 451. Paris 1974

R. Janin, La géographie ecclésiastique de l'empire byzantin I,3: Les églises et les monastères (de Constantinople), Paris 1969

R. Janin, Constantinople Byzantine. Développement urbain et répertoire topographique, Paris 1964

D. Kuban, Istanbul. An Urban History. Byzantion – Constantinopolis – Istanbul, Istanbul 1996

P. Magdalino, Constantinople médiévale. Études sur l'évolution des structures urbaines, Paris 1996

C. Mango, Le développement urbain de Constantinople (IVe–VIIe siècles), Paris 1985

W. Müller-Wiener, Bildlexikon zur Topographie Istanbuls, Tübingen 1977

M. Restle, Konstantinopel, in: Reallexikon zur byzantinischen Kunst 6 (1990), Sp. 366–737

Spezialliteratur

J. Bardill, Vizualizing the Great Palace of the Byzantine Emperors at Constantinople. Archaeology, Text and Topography, in: F. A. Bauer (Hg.), Visualisierungen von Herrschaft (= Byzas, 5). Istanbul 2006, 4–45

A. Berger, Straßen und Plätze in Konstantinopel als Schauplätze von Liturgie, in: R. Warland (Hg.), Bildlichkeit und Bildorte von Liturgie, Wiesbaden 2002, 9–19

A. Berger, Regionen und Straßen im frühen Konstantinopel, in: Istanbuler Mitteilungen 47 (1997), 349–414

G. Dagron, Constantinople. Les sanctuaires et l'organisation de la vie religieuse, in: Actes du XIe Congrès international d'archéologie chrétienne, Rom 1989, 1069–1085

G. Dagron, L'organisation et le déroulement des courses d'après le livre des cérémonies, in: Travaux et Mémoires 13 (2000), 1–200

K. Dark, Houses, streets and shops in Byzantine Constantinople from the fifth to the twelfth centuries, in: Journal of Medieval History 30 (2004), 83–107

E. Fenster, Laudes Constantinopolitanae, München 1968

D. Jacoby, The Urban Evolution of Latin Constantinople (1204–1261), in: N. Neçipoğlu, Byzantine Constantinople. Monuments, Topography and Everyday Life, Leiden 2001, 277–297

D. Jacoby, La population de Constantinople à l'époque byzantine: un problème de démographie urbaine, in: Byzantion 31 (1961), 81–109

H. König (Hg.) Palatia. Kaiserpaläste in Konstantinopel, Ravenna und Trier, Trier 2003

M. Mundell Mango, The Commercial Map of Constantinople, in: Dumbarton Oaks Papers 54 (2000), 189–207

P. Speck, Die kaiserliche Universität von Konstantinopel. München 1974

G. Vespignani, Il circo di Costantinopoli Nuova Roma, Spoleto 2001

Bildnachweis

Umschlaginnenseite vorne: Nach A. Berger, Konstantinopel, Sp. 437–438

Umschlaginnenseite hinten: Nach Bardill, Vizualizing, in F. A. Bauer (Hrsg,) , Visualierungen von Herrschaft, S. 9.

Abb. 1: Nach F. A. Bauer, Stadt, Platz und Denkmal in der Spätantike. Mainz, (Zabern) 1996, S. 174.

Abb. 2: Nach A. Berger, Untersuchungen zu den Patria Konstantinupoleos, S. 347.

Abb. 3: Nach T. F. Madden, The Fires in Constantinopel, 1203–1204, Byz. Zeitschrift 84/85 (1991/1992), S. 93.

Abb. 4: Nach C. Mango/G. Dagron (Hrsg.), Constantinopel and its Hinterland, Aldershot, Ashgate 1995, S. 110.

Abb. 5: Nach G. Dagron, L'organisation, in: Travaux et Mémoires 19, 2000, S. 114.

Abb. 6: Nach D. Jacoby, The Urban evolution of Latin Constantinople, S. 279.

Abb. 7: cartomedia, Angelika Solibieda, Karlsruhe

Abb. 8: Nach P. Speck, Die kaiserliche Universität von Konstantinopel, S. 106

Register